KB179572

3 학교, 그리고 내향적인 아이들

4
사회, 그리고 내향적인 아이들

프롤로그

학년이 바뀌어 당연히 안에 누가 있는지 모르는 상태에서 한 어린 소년이 상기된 얼굴로 교실에 들어선다. 소년은 친구들에게 먼저 다가가지 않고 다른 친구들이 선생님의 질문에 대답할 때 지켜보기만 하는데, 그런 소년을 보며 선생님은 처음이라 수줍어서 그럴 것이라고 생각한다.

하지만 몇 주 후에도 그 아이의 모습에는 변화가 없다. 선생님은 소년에게 어떤 장애가 있을지도 모른다는 생각에 소년의 부모와 상담을 해보지만 이제까지는 괜찮았고 아무 문제가 없었다는 이야기만 들었을 뿐이다. 게다가 수업 내용과 관련하여 질문을 던졌을 때 소년은 배운 것을 잘 이해하고 있었다.

카페테리아에는 친구들과 함께 앉아 있는 다른 십대 소녀가 있다. 그녀는 자신이 주문한 것과 다른 음료를 받았음에도 웨이트리스에게 그 사실을 말하지 않고 찌뿌둥한 표정으로 앉아 원치 않는 음료가 담긴 잔만 만지작거리고 있다.

'바보 같으니라구. 이렇게 부끄럼을 타다니…… 정말 지긋지긋해!'

그녀는 상기된 얼굴로 수치심을 마음속에 꾹꾹 눌러 담는다.

다른 테이블에서는 중학생들이 농담을 주고받으며 웃고 떠들고 있다. 허공을 응시하며 딴생각을 하는 한 명의 소년만 빼고 말이다. 친구들은 그를 대화에 끌어들이려 하지만 그는 자기 생각에 빠져 있을 뿐이다. 보다 못한 한 친구가 주의를 끌기 위해 그의 얼굴 앞에서 엄지와 중지를 맞부딪치며 "딱" 하는 소리를 내자 소년은 갑자기 화를 내면서 주름 잡힌 얼굴을 하고는 일어나 나가버린다.

위 세 가지 일화에는 공통점이 있다. 셋 모두 내향적인 아이들로, 스스로를 비롯해 대부분의 사람들이 그들에 대한 편견이나 부정적인 생각을 갖고 있다는 점이다. 하지만 그런 생각은 사실이 아니다. 우리들에게 내향성과 외향성이라는 말은 전혀 새로운 말이 아니며, 사람들은 이 말이 기질을 가리킨다는 것을 안다. 하지만 막상 그것에 대해 정의를 내려보라고 이야기하면 대개 다음과 같은 특징들을 나열하는 데 그치고 만다.

- **내향성** 부끄러움, 외로움, 침잠, 우울, 자기중심적.
- **외향성** 사교적, 인기 있음, 단체에 소속되고 싶어 함, 행복, 적극적.

이런 단어들은 외향성만을 이상적인 것으로 상정하고 떠받드는 현대 문화의 기준을 그대로 반영하는 것으로 내향성을 아주 부정적으로, 외향성은 긍정적으로 바라보는 경향을 극명하게 보여준다. 이것은 분명 잘못되었다. 기질은 눈동자 색이나 피부색처럼 좋고 나쁜 게 아닌, 그냥 인간 각자가 갖고 있는 하나의 특징에 불과하며, 다른 것과 마찬가지로 두 가지 기질 모두에 장점과 단점이 있는 것임에도 이를 왜곡시키고 있는 것이다.

때문에 내향적인 아이들을 위해 기획된 이 책에는 지금까지 발표된 중요한 연구 자료들을 모아 내향성을 다시 검토한 후 그 기질의 장점을 부각시키고, 부모와 교사가 내향적인 아이들에게 자신의 내향성을 받아들이고 그 잠재력을 드러낼 수 있도록 가르치기 위한 구체적인 방법들을 서술했다.

자신을 되돌아보는 질문으로 각 장의 인트로 부분을 시작했고, 내향적인 아이들이 겪는 어려움 및 극복방법, 부모와 아이들의 이해를 높이기 위한 구체적인 TIP, 체크리스트, 설문 스타일의 워크시트를 넣었다. 또 책을 쓰기 위해 포커스 그룹을 운영하고, 조사연구를 하는 과정에서 교사를 비롯하여 내향적인 아이들을 상대하는 전문가들에게 더 많은 자료가 필요하다는 사실을 확인하고 각 단원마다 그 장에 소개된 개념을 교실환경에 맞춘 '클래스 노트'도 실었으며, 끝부분에는 Q & A를 통해 내향성에 대한 워크숍과 포커스 그룹 등에서 많이 받았던 질문에 대한 답변을 적었다. 그리고 각 장의 마지막 단원에는 앞에서 설명한 개념과 관련된 내향적인 아이들의 생생한 일화를 담아 독자들의 이해를 도왔다.

우리는 지금 외향적인 사람에게 맞추어 '건설된' 세상에서 살아가고 있다. 교육 시스템은 단체활동과 협력에 초점이 맞추어져 있고, 기업문화는 개인보다는 전체를 중요시하면서 활동적인 구성원만을 원하며, 대중문화 역시 공공의 관심을 받는 연예인 중심에 편향되어 있다. 이처럼 내향적인 아이들에게 사회가 요구하는 기준에 맞추어 DNA를 바꾸라고, 사회의 흐름에 따라 조용히 있고 싶은 욕구를 억눌러야만 한다고 강요하는 이 사회에서 내향적인 아이들이 자신이 가진 장점을 발전시켜 더 긍정적이고 풍요롭게 살아가기를 필자는 희망한다.

1

내향적인 아이들,
외향적인 아이들

영어 유의어 사전인 시소러스닷컴(Thesaurus.com)에서 '외향적인'이라는 뜻의 '엑스트러버티드(extroverted)'와 비슷한 말을 찾아보면 '프렌들리(friendly, 친한)', '그리게리어스(gregarious, 교제를 좋아하는)', '소셜(social, 사교적인)', '퍼스너블(personable, 매력적인)' 등이 나오고, '내향적인'이라는 뜻의 '인트러버티드(introverted)'와 비슷한 말을 찾아보면 '샤이(shy, 수줍어하는)', '콜드(cold, 냉담한)', '시크러티브(secretive, 숨기는)', '위드드론(withdrawn, 침잠하는)' 등이 나온다.

인간의 생물학적 기질을 가리키는 외향성과 내향성은 쉽게 바뀔 수 있는 특성과 행동습성이 아님에도, 이런 유의어들은 스스로 선택하거나 바꿀 수 있는 특징과 행동습성을 나타내는 것처럼 보일 뿐만 아니라 외향성을 무조건 좋게 보는 시각이 반영되어 어떤 단어는 긍정적인 의미로, 어떤 단어는 부정적인 의미로 다가오는 게 사실이다. 하지만 각 기질의 두드러진 특징을 모나지 않게 다듬는다 해도 인간에게는 특정 기질로 인한 성향이 나타날 수밖에 없다. 기질이란 바로 우리 몸에 고정된 배선의 일부이기 때문이다.

따라서 우리 아이들에 대해 알려면 먼저 신경과학을 배경으로 한 기질, 즉 내향성과 외향성에 대해 알아야 하는 것은 물론 작금의 사회가 그것들(내향성과 외향성)을 어떻게 바라보고 있는지, 그리고 그런 시각이 내향적인 아이들에게 어떤 영향을 미치는지, 내향성에 대한 자신의 생각은 어떤 것인지, 내향적인 자녀를 키우면서 갖고 있던 걱정은 무엇인지에 대해 스스로 정리하고 넘어가야 한다.

〈질문〉

기질에 대한 나의 생각

1. 나는 외향적인 사람을 ＿＿＿＿＿＿＿＿＿＿＿＿＿＿＿＿＿＿

   라고 생각한다(문장을 완성하시오).

2. 나는 내향적인 사람을 ＿＿＿＿＿＿＿＿＿＿＿＿＿＿＿＿＿＿

   라고 생각한다(문장을 완성하시오)

3. 나는 기질이란 타고나는 것이라고 생각한다.

   □ 그렇다　　□ 아니다

4. 나는 시간이 흐르면 기질이 바뀔 수 있다고 생각한다.

   □ 그렇다　　□ 아니다

5. 나는 세상이 외향적인 사람들 편이라고 생각한다.

   □ 그렇다　　□ 아니다

6. 5번 질문에 '그렇다'고 대답한 경우, 내향적인 사람에게 가장 힘든 일은

   ＿＿＿＿＿＿＿＿＿＿＿＿＿＿ 라고 생각한다(문장을 완성하시오).

위의 질문에 써넣은 자신의 답을 살펴본 후 다음 세 가지 질문에 대해서도 생각해 보자.

1. 내가 이 책을 고른 이유는 무엇인가?

2. 이 책에서 나는 무엇을 얻고 싶은가?

3. 어떤 방법으로 내성적인 자녀를 도울 것인가?

기질이란 무엇인가?

"기질, 무슨 뜻일까? 정확히는 모르나 나는 내가 조용하고 부끄럼을 많이 탄다는 것 정도는 안다. 하지만 크게 신경 쓰지 않는다. 그것은 그저 내가 받아들여야 하는 나라는 존재의 일부일 뿐이라고 생각한다." ● 히로(15세)

성격(personality)과 기질(temperament)은 언뜻 생각하면 서로 바꾸어 써도 무방할 것 같지만 본질적으로는 의미가 매우 다른 말이다. '개인의 특징을 이루는 행동들'이라고 정의되는 성격은 흔히 환경 요인과 인생의 경험에 의해 영향을 받아 수정되거나 바뀌기도 하지만, 기질은 '행동에 영향을 주는 선천적인 특성'으로 정의되며 생물학적 요인에 의해 만들어지는 것으로 평생 거의 변하지 않는다.

어릴 적 필자는 부끄럼을 많이 타는 내향적인 아이였다. 새 학년으로 올라가는 첫날이 너무 싫었을 뿐만 아니라 낯선 장소에 가는 것조차 싫었으며, 발표시간이 되면 무척 힘들어하면서 쩔쩔 매는 모습을 보였다. 그럼에도 음악과 무용, 모델 등에는 관심이 많아 어떻게든 많은 사람들 앞에 설 때의 두려움을 이겨내려 애를 썼다. 그리고 어른이 된 지금은 많은 사람 앞에 서거나 주목을 받아도 두려워하지 않으며 그들 앞에서 편하게 이야기할 수 있게 되었다. 하지만 여전히 새로운 것을 시도할 때는 불안하고, 모르는 사람들과 함께 회의에 참석할 생각을 하면 가슴이 울렁거린다. 나의 이런 부분은 앞으로도 변하지 않을 것이다.

성격과 기질의 차이

필자의 이런 두 가지 차이점은 어디에서 비롯된 것일까? 어떤 이유로 한 부분은 변하고 한 부분은 변하지 않았을까? 바로 성격적 특성과 기질의 차이 때문이다. 어릴 때 발표를 두려워한 일은 부끄럼을 많이 타는 성격과 관련이 있는 것으로, 그 후 끊임없는 노력과 다양한 경험을 통해 지금과 같이 바뀌었다. 그리고 이것이 현재 필자의 성격이 되었다. 반면, 지금도 새로운 것과 마주할 때 불안을 느끼는 모습은 기질에서 비롯된 타고난 고정배선에 기인한 것으로, 성장하면서 발달하거나 개선될 여지가 없었기 때문이다.

흔히 구체적인 행동특징, 즉 외향성은 개방적이고 사교적인 태도로, 내향성은 조용하고 부끄러워하며 자신을 드러내지 않는 태도로 규정하는 두 개념은 오랫동안 개인의 성격으로 인식되어 왔다. 그러다가 내향성을 나르시시즘(自己愛)과 연관이 있다고 다소 부정적으로 본 프로이트(Freud)부터, 좀 더 중립적인 시각에서 외향성과 내향성을 16가지 성격 요인의 일부로 본 커텔(Cattell)을 포함한 대부분의 연구자들이 심리학자 카를 융(Carl Jung)이 이야기한 외향성과 내향성의 개념을 활용하기 시작했다.

　융은 외향성과 내향성을 경험의 부산물이 아닌, 개인이 주변 세계와 어떻게 상호작용하는가와 관련이 있는 것으로 그 바탕에는 생물학적 요인이 연관되어 있다고 생각했으며, 외향적인 사람과 내향적인 사람은 세상을 바라보는 시각이 근본적으로 다르다고 보았다. 마음의 에너지가 외부로 향해 있는 외향적인 사람들은 낯선 이들과 만나거나 떠들썩한 자리를 좋아하기 때문에 혼자 있는 시간이 많으면 외부로부터 에너지를 얻지 못해 우울해지고, 마음의 에너지가 내부를 향해 있는 내향적인 사람들은 혼자 책을 읽거나 영화를 보거나 하면서 내부에서 에너지를 얻는다는 것이다. 또 따로 떨어져 성장한 일란성 쌍둥이 집단을 지켜본 시걸(Segal)의 연구 결과에서는 성장환경이 다름에도 쌍둥이의 기질이 놀라울 정도로 비슷하다는, 따라서 기질의 형성은 생물학적 요인과 관련 있을 가능성이 높다는 추가 증거가 나오기도 했다.

　심리학의 거장 아이젱크(Eysenck) 역시 기질은 생물학적인 원인이 작용한 결과라고 생각했는데, 외향성과 내향성의 차이는 뇌의 각성 및 억제와 관련된 화학물질을 분비하는 시스템에서 비롯되는 것으로 외향적인 사람은 각성을 통해, 내향적인 사람은 억제를 통해 안정을 추구한다고 보았다. 후에 그의 연구가 완전하지 못할 뿐만 아니라 극단적으로 단순화되었다는 사실이 밝혀지긴 했지만, 외향적인 사람과 내향적인 사람은 최적 각성 수준과 주위 자극에 대한 반응이 다르다는 그의 의견은 여전히 유효한 것으로 알려져 있다.

기질, 그리고 외향성과 내향성을 다룬 최근의 논문 중에는 아주 예민한 아이들을 대상으로 실시했던 케이건과 스니드먼(Kagan & Snidman)의 연구가 가장 설득력을 지닌다. 케이건은 여기서 신경전달물질이 기질에 미치는 역할과 뇌의 화학작용을 연구했는데, 그는 신경전달물질을 어떻게 이용할지 결정하는 것은 유전 암호이며, 뇌가 어떤 선택을 하는지는 본질적으로 기질과 연계되어 있다고 주장했다.

필자는 개인적으로 기질에 대해 과학적으로 가장 잘 정리한 사람은 마티 올슨 래니(Marti Olsen Laney)라고 생각한다. 그는 케이건의 논문은 물론 홉슨(Hobson)과 코슬린(Kosslyn) 외 많은 연구자들의 신경전달물질 연구 논문들을 바탕으로 외향적인 사람과 내향적인 사람의 차이는 에너지 사용량의 차이라고 설명했다. 외향적인 사람은 에너지를 많이 사용하려는 반면, 내향적인 사람은 에너지를 보존하려는 경향이 강하다는 것이다. 또한 래니는 신경전달물질의 활용, 그리고 외향성과 내향성에 연관되는 교감과 부교감 신경계의 활성 및 이용도가 다르다는 점을 설명했으며, 《내성적인 사람이 성공한다》에서는 융이 추측한 것처럼 외향적인 사람과 내향적인 사람의 에너지 처리방식이 다르다는 것을 강조하는데, 뇌의 각성을 균형 상태로 맞추기 위해 외향적인 사람은 사회적 관계와 행동에 초점을 맞추고, 내향적인 사람은 내적 사고를 선호하면서 내면을 들여다본다는 것이다.

〈표1〉 외향적인 사람과 내향적인 사람의 생물학적 차이

다음은 외향적인 사람과 내향적인 사람의 생물학적 차이와 거기에서 비롯하는 행동의 차이를 설명한 것이다.

	외향적인 사람	내향적인 사람
우선신경전달물질	도파민–짧고 빠른 분비 시스템	아세틸콜린–길고 느린 분비 시스템
각성 패턴	자극을 환경에서 구함	자극을 내면사고를 통해 구함
에너지 사용량	교제와 활동을 통해 에너지 충전	내면의 사고와 혼자 있는 시간을 통해 에너지 충전
신경계 활성	교감계(싸움 혹은 도주)–활동에 대비하여 부신계의 활성 촉진	부교감계(휴식과 소화)–글리코겐과 소화의 합성 촉진

위 표에 외향적인 사람과 내향적인 사람이 얼마나 다른지 한눈에 알 수 있도록 케이건과 래니 및 그 외 연구자들의 연구 결과를 요약해 놓았는데, 이상의 연구들을 통해 우리는 기질은 선천적으로 타고나는 것으로 본성이 작용한다는 점, 또 외향성과 내향성의 특

성은 생물학적인 결과이며, 둘 다 장단점이 있고, 어느 쪽이든 부정적인 면은 환경과 행동변화를 통해 바뀔 수 있지만 그 기본 특성은 변하지 않는다는 점, 삶에 대한 접근이 생물학적으로 다른 외향적인 사람과 내향적인 사람이 서로를 완전히 이해하기는 어렵다는 점을 알 수 있다.

외향성과 내향성의 판단 기준

앞으로 외향성 및 내향성의 특성과 함께 그것이 균형상태가 아닐 때 발생하는 문제를 살펴보기 전에 가족 구성원 모두 다음 〈워크시트 1〉의 빈칸을 채워보자. 가족의 주된 기질을 확인하기 위한 이 설문을 통해 타고난 특징이 어디에 있는지를 알 수 있을 것이다.

이 시트에서 짝수 번호의 문항은 내향성과, 홀수 번호의 문항은 외향성과 관계가 있다. 유념해야 할 점은 이 문항들이 기질의 일반적인 예측변수일 뿐 사람에게는 정확히 어느 한 기질만 나타나지는 않는다는 사실이다. 외향적인 사람 중에도 독서나 글쓰기처럼 혼자 하는 활동을 즐기는 사람이 있고, 내향적이지만 노래나 춤 등 공연하기를 좋아하는 사람이 있을 수도 있다. 따라서 이 문항들은 큰 틀에서 외향적인지 내향적인지를 판단하는 가이드라인 정도로 활용하는 것이 좋다.

우리 아이의 기질 알아보기

가족 모두가 20개 문항을 하나씩 읽고 답한다. 아이들이 직접 답하게 한 후 부모의 답과 비교해 보자.

	그렇다	아니다	어느 쪽도 아니다
1. 긴 하루를 보낸 후 사람들과 이야기하는 것을 좋아한다.			
2. 혼자 또는 소수의 친구들과 시간 보내기를 좋아한다.			
3. 너무 오랫동안 혼자 있으면 슬퍼진다.			
4. 일단 친구가 되면 깊이 사귄다.			
5. 대개 생각보다 행동이 앞선다.			
6. 새로운 상황에서는 관찰부터 한 후 참여하는 편이다.			
7. 아주 수다스럽다.			
8. 마음이 안정되었을 때만 사람들과 이야기하며 정보를 공유한다.			
9. 재미있는 활동을 하고 나면 많이 흥분한다.			
10. 일반적으로 생각부터 하고 행동한다.			
11. 낯선 사람과의 대화도 잘 나눈다.			
12. 큰 집단 속에 너무 오랫동안 있으면 당황스럽다.			
13. 에너지가 많은 것 같다.			
14. 사람들의 말에 따르면 나는 충분히 생각한 후 이야기를 시작한다고 한다.			

15. 사람들은 나에게 친구가 많다고 생각한다.			
16. 말하기보다는 듣는 편이다.			
17. 아주 뻔한 상황을 좋아하지 않는다.			
18. 마음속의 두려움을 함께 나눌 사람이 별로 없다(또는 하나도 없다).			
19. 파티에 참석해서 친구들과 어울리는 것을 좋아한다.			
20. 독창적인 것을 중요하게 생각한다.			

교실에서 기질 확인하기

현재의 교육기관에서는 협력과 모둠활동을 교육방법의 표준이자 가장 좋은 학습의 유형으로 삼고 있다. 그러한 학습방식에 잘 적응하지 못하는 아이들이 있음에도 불구하고 이러한 교육과정이 내포하고 있는 뜻은 분명하다. 학생은 학교에서 단체적인 활동법을 배워야 한다는 것이다. 현대의 문화가 그러기를 요구하기 때문이다.

하지만 교실 안 아이들은 기질이 모두 제각각이다. 교사의 질문에 바로 손을 들어 대답하는 아이나 모둠활동을 좋아하는 아이들이 있는가 하면, 질문에 대한 대답이나 모둠활동을 마치 사형선고처럼 여기는 아이도 있다. 따라서 교사는 먼저 자기 학생들의 각각의 기질을 알아야 한다. 아무리 주의를 주거나 격려를 해주어도 모둠활동을 꺼리는 아이는 그냥 부끄럼 많은 아이가 아니라 배선이 다르게 고정되어 있는 다른 학습법이 필요한 아이일 수 있다는, 기질에 따라 학생 각자에게 무엇이 필요한지 알고 있어야 한다는 점을 먼저 인식해야 하는 것이다.

교사는 조용한 아이들에게는 말을 많이 하게 만들고, 말이 많은 아이들은 말할 기회를 다른 아이에게 양보하게 해야 한다. 학생들의 기질에 맞추어 그들의 필요를 충족시키는 교수법을 실행하는 것이야말로 진정한 교사의 역할이라고 할 수 있다. 이제 아이들에게 〈워크시트 1〉을 나누어 주고 각각의 기질을 체크하는 것으로 그 역할을 시작해 보자.

기질에 관하여

기질에 대한 생리학적인 설명을 읽고 나면 누구나 몇 가지 의문점을 갖기 마련이다. 다음에 기질을 주제로 한, 포커스 그룹과 워크숍에서 자주 나왔던 의문점에 대한 대답을 정리해 놓았다.

Q 내향적인 아이와 외향적인 아이는 처음부터 고정배선이 다르다고 하셨는데요. 이것은 시간이 지나면서, 이를테면 나이를 먹으면서 바뀔 수도 있나요?

A 그것은 인체의 다른 생리작용처럼 명확하게 답변하기 어려운 문제로, 모든 것은 우리 몸의 고정배선과 학습을 통해 얻은 반응 패턴 간의 균형에 달려 있습니다. 우리 몸은 기질에 따라 주변 환경에 대해 특정한 패턴으로 반응하는 경향이 있습니다. 내향적인 아이는 교실에서 선생님의 질문에 대답해야 할 때나 토의 중 곤혹스럽거나 할 때 비슷한 반응을 보일 수가 있는데, 많은 사람 속에 오래 있으면 피곤해 보이거나 멍해 보이기도 하는 게 일종의 그런 것으로 볼 수 있습니다. 하지만 내향적인 아이가 그러한 초기반응에 어떻게 대응하는가는 시간이 흐르면서 바뀔 가능성이 큽니다. 어렸을 때는 많은 사람에게 둘러싸여 있거나 하면 움츠러들거나 몸

어딘가가 아프다거나 하는 반응을 보였을 수도 있지만, 성장하면서 경험이 쌓이면 자기 생각을 분명하게 정리한 후 솔직하고 거침없이 말할 수도 있습니다. 그러나 사실 내향성이 매우 약해진 것처럼 보이는 이러한 변화는 고정배선이 바뀐 게 아니라 시간이 흐르면서 학습을 통한 행동반응이 바뀐 것일 뿐입니다.

Q 한 아이가 상황에 따라 외향적일 수도 있고 내향적일 수도 있나요?
A 양향성성격자(ambivert, 외향적 특성과 내향적 특성을 모두 갖고 있는 사람)라는 용어를 사용한 생리학 연구 논문에 보면 그들은 외향성과 내향성의 '중간선상'에 있다고 합니다. 융과 마찬가지로 저도 사람들에게는 외향성과 내향성이 모두 존재한다고 생각합니다. 하지만 뇌의 화학작용과 자율신경계의 작용, 여러 가지 신경전달물질에 대한 반응과 관련해서는 어느 한쪽 기질이 우세한 것도 사실입니다. 때문에 저는 이 질문에 '아니오'라고 말하고 싶습니다. 대부분의 사람들은 처한 상황에 따라 외향적이거나 내향적으로 각각 달리 대처할 수는 없다는 말입니다. 그렇다면 어떤 기질이 우세한지 어떻게 알 수 있을까요? 먼저 당신이 정서적으로 힘들었던 순간 당신이 정말로 간절하게 원한 것은 무엇이었는지를 기억해 보십시오. 혼자 있는 것이었는지 곰곰이 생각할 시간이 필요했는지, 아니면 친구와 이야기하고 싶었는지 사교활동에 참여하고 싶었는지, 또는 달리거나 몸을 움직이고 싶었는지 말입니다. 이 질

문의 대답을 생각해 보면 당신의 기질이 내향성인지 외향성인지, 즉 어떤 기질이 우세한지 파악하는 데 도움이 될 것입니다.

Q 지나치게 내향적일 수도 있나요?

A 그럴 수도 있습니다. 다만, 그럴 경우 문제의 열쇠는 우세한 신경전달물질의 균형을 잡는 법을 배워 인생의 어디쯤에 기다리고 있을지 모르는 함정을 피하는 데 있다고 생각합니다. 내향적인 이들은 어떤 일로 인해 평정심을 잃게 되면 세상에 냉담해지고 우선적으로 처리해야 할 일조차 외면할 뿐만 아니라 우울해지기까지 하는데, 몸속에서 내향성과 관련하여 생리작용이 과잉 활성화되기 때문에 뇌의 화학작용이 조화를 이루지 못하게 되는 게 원인입니다. 물론 외향적인 이들도 마찬가지입니다. 그들도 평정심을 잃게 되면 뇌의 화학작용으로 인해 몸이 과잉 활성화되어 생리적으로 불균형 상태가 될 수 있습니다. 그렇게 되면 지나치게 흥분하는 스트레스 반응으로 인해 건강상 문제가 발생되기도 하지요. 때문에 그런 상황이 닥쳤을 때 균형을 잡을 수 있는 지식이 필요한 것입니다.

Q 기질을 알려주는 자신만의 신체지표가 있습니까?

A 네, 저에게는 생물학적 지표가 있습니다. 저는 어떤 일이든 부담을 많이 받으면 금방 기질을 알 수 있는 분명한 신체지표가 나타납니다. 심하게 긴장하거나 기가 눌리면 마치 20센티미터쯤은 되는

기다란 손톱이 제 팔을 할퀴는 것 같은 느낌이 드는 것과 동시에 살갗이 아프고, 둥둥 귀가 울리며, 머릿속이 백지가 되어 아무 생각도 할 수 없게 됩니다. 어떤 상황에 바로 대처할 수 없을 만큼 주변이 시끄럽거나, 그 상황이 제게 많은 것을 요구하거나 할 때 특히 그렇게 되는데, 그럴 때는 마음이 급해져 지나치게 빨리 부정적인 반응을 나타내게 됩니다. 몸 안의 내향성과 관계된 시스템에 부담이 가해지면서 불안과 스트레스가 생길 때 일어나는 신체의 반응인 것이지요.

저는 교사입니다. 일선 교육현장에서는 이러한 기질의 아이들을 어떻게 지도해야 하나요?

기질을 이해하면 교실에서 아이들이 보이는 미묘한 행동의 차이 등 학생들의 특성을 이해할 수 있고, 아이들 각자에 따라 교실환경 또는 교수법과 맞지 않는 방식으로 배선이 고정되어 있을지도 모른다고 생각해 보게 될 뿐만 아니라, 어떤 학생에 대해 섣부르게 판단하기 전에 그 아이에 대해 좀 더 알아보고 그에 맞는 지도법을 적용할 수도 있을 것입니다. 물론 교사의 적극적인 노력이 필요한 부분입니다만, 적어도 묻는 말에 큰소리로 대답하지 않는 아이들, 조금만 소란스러워져도 멍해지는 아이들을 학습에 관심이 없다거나, 학습동기가 부족하다거나, 학습에 장애가 있는 학생으로 치부하는 일은 없어질 수 있겠지요. 그런 면에서 가장 중요한 것이 포용력입니다. 교사에게 포용력이 있다면 학생 개개인의 행동을 관대함 속에서 중립적으로 보게 되고, 학생에게서 보이는 미묘한 행동들이 그저 그 학생이 원해서 선택하는 게 아닌, 그 안에는 훨씬 많은 의미가 담겨 있음을 이해하게 될 것입니다.

- 기질은 고정배선의 문제이다.
- 외향적인 아이와 내향적인 아이는 외부의 자극이나 내부의 자극에 각각 다르게 반응한다.
- 자율신경계 중 외향적인 사람은 교감신경계가, 내향적인 사람은 부교감신경계가 주로 활성화되어 있다.
- 외향적인 사람과 내향적인 사람은 활용되는 신경전달물질이 다르다.
- 외향성이나 내향성이라는 기질은 나라는 존재의 한 측면일 뿐이지만 그중에도 우세한 기질이 있다.

외향성과 내향성의 특성

"친구들처럼 사교적이지 못해서 속상해요. 하지만 내향적이라고 해서 저한테 무슨 문제가 있는 건 아니잖아요. 사람들이 그 점을 알아주었으면 좋겠어요." ●엠마(10세)

각각의 기질이 세상과 소통하는 방식

그렇다면 기질의 차이는 왜 행동의 차이로 나타나는 것일까? 그것은 외향적인 또는 내향적인 아이가 세상과 소통하는 방식, 즉 자기 생각을 전달하는 방법, 에너지를 재충전하는 방법 등 일반적으로 어떤 상황에 대응하는 행동방법이 각각 다르기 때문이다.

먼저 의사소통 부분을 보자. 외향적인 아이들은 일반적으로 빠르게 생각하고, 하루에 있었던 일을 이야기하기 좋아하며, 자기 세계를 말로 표현하려는 경향을 보인다. 반면, 내향적인 아이들은 자신을 잘 드러내지 않는다. 자신의 생각과 감정을 자진해서 말하는 것을 꺼리는 그들은 말하기 전에 자신의 생각을 정리하는 스타일로, 불쑥 말을 내뱉는 일이 좀처럼 없으며 자기 생활에 대해 이러쿵저러쿵 떠드는 일도 거의 없다. 때문에 말하는 것보다 듣기를 더 좋아하는 그들의 생각이 어떤지 알고 싶다면 구체적으로 질문해야 할 뿐만 아니라 대답할 시간을 충분히 주어야 한다. 그렇다고 해서 내향적인 성향의 아이들이 좋은 대화 상대가 아니라는 말은 아니다. 신뢰할 수 있는 사람과 흥미를 느끼는 주제에 관해서라면 그들도 얼마든지 멋진 대화 상대가 된다.

또 에너지 재충전 방식도 다르다. 앞서 이야기한 것처럼 외향적인 아이와 내향적인 아이는 주로 활성화되는 신경계가 서로 다르므로 당연히 에너지를 얻는 방식도 다를 수밖에 없다. 대부분의 외향적인 아이들은 친구들과 교제하면서 에너지를 얻지만 내향적인

〈표2〉 외향적인 사람과 내향적인 사람의 특성

	외향적인 사람	내향적인 사람
우선신경전달물질	사교적이고 이야기하기를 좋아함. 다소 충동적이다.	자신을 드러내지 않고 조용함. 말하기보다 듣기를 좋아함. 작은 집단에서는 좋은 대화 상대가 될 수 있다.
재충전 패턴	교제와 활동을 통해 외부에서 자극을 찾는다.	혼자 있는 시간과 명상을 통해 내면에서 자극을 찾는다.
학습	활동을 통해 주변 환경으로부터 학습. 충동적이고 모험을 즐긴다.	관찰과 내적인 명상, 자아성찰을 통해 학습. 신중하다.

아이들은 혼자 있으면서 에너지를 얻는다. 한쪽에게는 즐거움이 되고 에너지원이 되는 일이 다른 한쪽에게는 불안하고 버거운 일로 여겨지기도 하는 것이다.

그리고 외향적인 아이들은 일반적으로 모험을 즐기는 등 활동을 통해 정보를 얻고, 자신의 감정을 그대로 드러내며, 남들 앞에 있을 때나 혼자 있을 때나 별로 달라지지 않는 반면, 내향적인 아이들은 조심성이 많을 뿐만 아니라 당면한 상황의 규칙을 이해한 후에야 모험을 한다. 또 많은 생각과 자기성찰을 통해 정보를 얻고 자기감정에 집중하며, 많은 사람들이 있을 때와 혼자 있을 때의 모습이 다르다.

두 기질 모두에 나타나는 부정적인 결과

여기서 꼭 알아두어야 할 점은 두 기질 모두 각각의 특성에 기인하여 부정적인 결과를 가져올 가능성이 있다(표 3 참조)는 것이다. 외향적인 사람의 교감신경계가 과잉 활성화되면 끊임없이 자극을 원하게 되어 기진맥진해질 수 있고, 내향적인 사람은 혼자 있는 시간이 너무 길어지면 지나치게 침잠하는 경향이 나타날 수 있다. 따라서 외향적인 사람은 좀 더 신중하게 생각하고 마음을 진정시키는 법을, 내향적인 사람은 필요에 따라 사교적이고 개방적이 되는 법을 배울 필요가 있다.

〈표3〉 두 기질의 단점

	잠재문제	조정방법
외향적인 사람	자극 과잉 : 교감신경계가 과잉 활성화되어 기운이 다 빠짐.	긴장 완화 기술 습득, 하루 스케줄에 차분하게 혼자 있는 시간을 짧게 넣기, 자기점검기법을 배워 필요할 때 천천히 생각하고 행동 조절하기.
	자극 부족 : 집중력 부족, 충동성 증가.	하루 스케줄에 사람들과 교제하고 활동하는 시간을 넣기, 자기점검기법을 배워 집중력 높이기, 짧은 시간 일한 후 신체 활동하기.
내향적인 사람	자극 과잉 : 초조감 증가, 성마름, 감정폭발, 지나친 움츠림.	하루 중 혼자 있는 시간 확보, 마음을 진정시키는 방법 습득, 자기 시간을 방해받지 않도록 경계를 잘 세우기.
	자극 부족 : 움츠림, 고립.	하루 중에 활동하는 시간 확보, 매일 운동하기.

내향성에 대한 사회적 통념

교육학자들은 내향성의 동의어를 '수줍어하는(shy)'과 '침잠하는(withdrawn)'으로 보는 경우가 많다. 그러나 이 두 단어만 보아서는 내향성의 생물학적 근거는 고사하고 실제 특성조차 알기 어렵다.

학자들은 내향성을 사회적 불안과 자폐증, 감각통합(자신의 신체와 외부 환경에서 제공되는 다양한 감각을 조직화하는 신경학적 과정−역주) 문제, 주의력 문제 등과 병리학적으로 연결시켜 왔는데, 이는 사실을 바탕으로 한 것도 아니며 전혀 과학적이지도 않다. 그러한 장애는 내향성뿐 아니라 어느 기질에서나 나타날 수 있기 때문이다.

그렇다면 내향성이란 무엇일까? 여기서 현대 사회가 내향성의 어떤 부분을 왜곡시켰는지 알면 내향성의 진짜 특성을 더 잘 알 수도 있을 것이다.

먼저 내향성을 지나치게 부정적으로 보는 이유 중 하나는 내향적인 사람이 외향적인 사람보다 자기중심적이고 자신에게만 몰두한다는 점이다. 프로이트 역시 그렇게 생각했다. 하지만 사실 그렇게 단순한 게 아니다. 내향적인 사람은 간혹 어떤 집단 내에서 지나치게 자기 생각에만 빠져 있는 것처럼 보일 수 있다. 그러나 이것은 나르시시즘(自己愛)에 기인한 행동이 아니라 그저 감수성과 신념이 강하고 생각이 깊기 때문에 나타나는 한 가지 특징일 뿐이다. 그들이 원하는 정도의 조용한 분위기가 유지되는, 비교적 규모가 작은 모임이나 집단 속에서라면 그들도 그 집단에 큰 도움을 주거나 영향력을 끼치는 구성원이 될 수 있다.

왜곡된 가정은 또 있다. 내향적인 사람은 친구 관계를 피하고 혼자 있는 것을 좋아한다는 점이다. 이 또한 얼핏 보면 그런 것 같지만 사실이 아니다. 내향적인 사람들은 오히려 타인에 대해 알아가는 것을 좋아하며, 친구 관계, 특히 자신이 아는 점에 대해 기꺼이 알려줄 뿐만 아니라 대화를 이끌어나가는 사람과의 친구 관계를 중요하게 여긴다. 많은 친구와 어울리기보다 한두 친구와 아주 깊이 사귀기를 좋아하는 그들의 특성에 따라 친구가 적은 것처럼 보일 수는 있지만, 친구 관계를 피하고 혼자 있는 것만을 좋아한다는 말은 틀렸다는 것이다. 그들도 의미 있는 우정을 쌓을 수 있는 교제를 원한다.

또 수줍음과 내향성을 혼동하는 사람도 많은데, 사실 수줍음을 타는 모습은 어느 기질에서나 볼 수 있다. 메리엄-웹스터(매년 올해의 단어를 선정하는 미국의 사전 출판사—편집자 주) 사전에는 수줍어하는 사람은 "쉽게 무서워하거나, 선뜻 개입하려고 하지 않거나, 특정인이나 물건을 피하는 사람"이라고 정의되어 있다. 이는 수줍음은 기질과 상관없이 흔히 개인의 성장환경과 경험에서 기인한다는 의미로, 내향적인 사람들에게서 수줍어하는 행동이 많이 보이는 이유를 분명히 알 수는 없지만, 외향적인 사람들도 특정 상황에서 수줍게 행동하는 모습을 우리는 종종 볼 수 있다. 교실에서는 개그맨처럼 잘 웃기면서도 같은 친구들 앞에서 뭔가를 발표할 때는 수줍어하는 아이도 있는 것이다. 보라! 필자는 어렸을 때 다른 사람들 앞에서 발표하는 것을 무척 두려워하던 내향적인 아이였지만 지금은 모든 것을 극복하고 능숙하게 발표할 수 있게 되지 않았는가!

현대 사회는 대체로 내향성과 관련하여 지속적으로 기질을 잘못 분류하며, 그와 연관된 행동을 부정적 또는 그릇된 시각에서 평가할 뿐만 아니라 급기야 그것을 일선 교실로까지 확대하여 많은 내향적인 학생을 궁지로 내몰고 있는데, 이러한 잘못이 교육 시스템을 제대로 잡아나가지 못하게 만드는 건 어찌 보면 당연한 일이다. 바로잡기는커녕 교사들은 오히려 아이들의 외향성을 강화하고 권유하는 방향으로 교육하며, 내향적인 아이에게 더 적합한 활동은 최소로 줄인다. 모둠활동과 협력을 중요시하는 작금의 교실이 가진 현실이다.

잘 생각해 보라. 우리는 내향적인 아이들에게 더 많이 말하라고 윽박지르거나 정해진 대로 생각하라고 강요하지는 않았는지, 또 휴식시간을 줄여 창의력에 필요한 시간을 제한하지는 않았는지, 그러고는 내향적인 아이가 잘해내지 못하면 그 기질을 병리적인 것으로 치부하고는 '장애'라는 잘못된 꼬리표를 붙이지는 않았는지 말이다.

내향성의 특성에 관하여

외향적인 아이와 내향적인 아이는 기질처럼 행동방식도 다르기 마련인데, 그에 관해 해소해야 할 몇 가지 의문이 있다.

Q 제 아들은 짜증이 나도 꾹 참고 있다가 갑자기 반응을 보입니다. 예고 없이 순간적으로 폭발하는 거예요. 이런 반응이 정상인가요? 이럴 때 저희는 어떻게 대처해야 하나요?

A 네, 내향적인 아이들은 더는 참을 수 없을 때까지 감정을 억누르다가 결국에는 폭발하고 마는 경향이 있습니다. 그 결과 친구 사이에, 그리고 부모와 자녀 사이에 격한 논쟁과 다툼이 생기게 되지요. 이는 평소 자기감정을 터놓고 말하는 것을 어려워하기 때문인데, 아이가 순간적으로, 비정상적으로 폭발하는 일이 없도록 하려면 먼저 자녀와의 관계에서 신뢰감을 쌓고, 어릴 때부터 자기감정을 평온한 상태에서 이야기할 수 있도록 훈련을 시켜야 합니다.

Q 기질에 영향을 주는 신경전달물질에는 어떤 종류가 있으며, 그것들은 외향성과 내향성 각각의 특성과 어떤 관계가 있습니까?

A 기질과 관련된 중요한 신경전달물질은 도파민과 아세틸콜린인데,

도파민은 뇌에서 교감신경계(싸움 또는 도주 기능)를 활성화하는 역할을 하며 외향적인 아이들에게서 많이 분비되는 것을 찾아볼 수 있습니다. 특히 재충전에 필요한 것을 찾을 때, 위험을 감수할 때, 격렬한 신체 활동을 할 때 이 도파민이 활용됩니다. 반면, 내향적인 아이들의 경우에는 아세틸콜린이 우선적으로 활용되는 경향이 있습니다. 아세틸콜린은 자율신경계, 그중에서도 부교감신경계의 여러 기능(휴식과 소화)을 활성화하는 물질입니다. 아세틸콜린이 많이 활용되는 것은 깊이 있는 사고와 강한 집중력, 누군가와 얘기를 나눌 때의 느린 반응, 조용하고 차분한 주변 환경 선호 등과 관계가 있다는 말입니다. 여기서 잊지 말아야 할 것은 사람이 일상생활을 제대로 하는 데는 여러 종류의 신경전달물질이 활용된다는 사실입니다.

Q 아기가 주변 환경에 무덤덤하게 또는 예민하게 반응하는 것을 보고 아기의 기질을 예측할 수 있습니까?

A 케이건과 스니드먼, 그리고 래니는 주변 환경에 대한 아기의 반응을 보고 기질을 예측할 수 있다는 연구논문을 발표했습니다. 또 주변 환경에 민감한 아기는 내향적인 아이로 자랄 가능성이 높다고도 합니다. 하지만 아기가 주변 환경과 상호작용을 하는 매커니즘에는 기질 외에도 인지능력, 영양상태, 임신기간 중 받은 영향, 가족환경 같은 요인이 모두 포함되는데, 각 요인이 어떤 영향을 주

는지 알아내기는 어렵습니다. 따라서 그보다는 모든 요인이 전체적으로 작용하여 아기의 성격이 형성되는 과정을 아는 것이 더 먼저가 아닌가 생각합니다. 실제로 자기를 둘러싼 주변 환경이 안전하기를 본능적으로 원하는 아기는 먹을거리, 안전한 장소, 자신을 어루만져 주고 보호해 줄 사람이 있을 때 안심하게 되는데, 그중에서도 돌보는 사람이 가장 중요하다고 합니다.

Q 우리 아이는 어릴 때는 많이 내향적이었는데 지금은 덜합니다. 기질은 생물학적인 요인과 관계가 있어서 변하지 않는다는 세간의 이론과 어긋나지 않나요?

A 연구자들의 말에 따르면 변하는 것은 주변 환경에 대한 행동반응일 뿐 생물학적인 것은 바꾸기 어렵다고 합니다. 하지만 고정배선을 바꿀 수는 없어도 양육과정이 어떠했느냐에 따라 적절히 조화와 균형을 이루어가는 존재인 인간은 세상에 대한 반응 패턴을 변화시킬 수가 있습니다. 세간의 이론과 어긋나는 게 아니라 자신의 기본인 고정배선을 인정하고 기질의 장점을 활용하여 본성에 반하지 않으면서도 균형을 찾아가는 법을 배우는 것이지요. 내향성과 외향성 모두 각자의 고정배선에 맞추어 잠재력을 계발하는 일이 필요합니다.

Q 외향성과 내향성의 차이점을 알고 보니 기질이 학습에 큰 영향을

준다는 것을 알 수 있네요. 이 내용을 교실에서 적용하고픈 교사들에게 해주고 싶은 조언은 뭔가요?

Ⓐ 먼저 기질이 학습과 교실환경에 미치는 영향을 인정해야 한다는 것입니다. 그러고 나서는 자극이 과하지도 부족하지도 않은 상태, 즉 교육과 창작이 모두 이루어질 수 있는 중립적인 환경을 조성하는 것이 중요합니다. 교실환경이 정돈되지 않고 시끄럽거나, 벽에 이것저것 많이 붙어 있어 시각적으로 정신이 없는 상태라면 내향적인 학생이 부담을 느끼고 불안정해질 공산이 큽니다. 반대로 너무 조용하거나 아이들이 적으면 외향적인 학생이 위축될 수 있습니다. 그러므로 교사는 환경이 어느 한쪽으로 치우치지 않도록 세심히 살펴야 합니다. 또 학습방식을 다양하게 하면 외향적인 학생과 내향적인 학생 모두에게 좋은 교실환경을 만들 수 있습니다. 하지만 무엇보다도 중요한 것은 학생을 있는 모습 그대로 이해하는 일입니다. 교사는 모든 고정관념과 편견을 버린 상태에서 편애하지 말고 공정하게 학생을 대해야 합니다. 객관적이고 중립적인 시각과 열린 마음을 갖고 학생들을 대하는 것이야말로 교사가 지켜야 할 최고의 가치라고 할 수 있습니다.

- 외향적인 사람과 내향적인 사람은 뚜렷한 행동 차이를 보인다.

- 내향적인 사람은 깊이 생각하고 다른 사람의 이야기를 듣는 것을 좋아한다.

- 내향적인 사람은 재충전을 위해 혼자 있는 시간이 필요하다.

- 내향적인 사람은 질문에 답하기 전에 생각할 시간이 필요하다.

- 내향적인 사람은 자신의 감정을 꾹꾹 눌러 참다가 폭발시키는 경향이 있다.

- 외향적인 사람이나 내향적인 사람이나 자신의 기질이 한쪽으로 치우치지 않도록 균형을 맞추는 것이 좋다.

내향적인 아이들의 장점

"저는 지금의 제가 좋아요. 말이 없고 조용한 제가요. 그래서 친구
들에 비해 더 명료하고 분명하게 생각할 수 있는 것 같거든요."

● 블레이크(17세)

우리는 집단 위주로 움직이는 교육과 사회 환경을 만들어놓고
는 '모두를 합친 것보다 훌륭한 사람은 없다'와 같은 문구를 내걸고
'직업 공동체'를 모두의 원칙으로 강요해 왔다. 그렇게 해야만 모든
학생을 일정 수준으로 끌어올릴 수 있다고 주장하면서 상자에 더
많은 내용을 집어넣는 방식의 획일적이고 집단적인 사고를 요구해
온 것이다. 입으로만 창의성을 외치면서 말이다.

물론 집단적 사고의 주입과 동시에 개인을 높이 평가하는 양
면성을 보인 것도 사실이기 하지만, 이는 카리스마가 있는 사교적
인 달변가, 즉 자신이 원하는 것을 쉽게 얻어내는 능력을 장착한 사

람, 또 신체적인 능력이 뛰어나고, 모험을 좋아하며, 친구가 많은 사람에게만 해당되는 말이었다. 이러한 외향성 기질의 특성을 모두 갖추지 못한 사람에게는 먼 나라 이야기에 다름 아니었던 것이다.

내향적인 아이들에게 붙인 꼬리표

그렇다면 내향적인 아이들은 앞으로 어떻게 해야 하는가? 끊임

내향성에 대한 고정관념 알아보기

다음 문항을 읽고 각 문항에 대한 자신의 생각을 선택해보자.

	그렇다	아니다	어느 쪽도 아니다
1. 내향적인 사람은 수줍어한다.			
2. 내향적인 사람은 외로워 보이며 친구가 별로 없다.			
3. 내향적인 사람은 다른 사람보다 자기중심적이다.			
4. 내향적인 사람은 자주 우울해 보인다.			
5. 내향적인 사람은 친구를 사귀기가 어렵다.			
6. 내향적인 사람은 사회성과 관련한 기술이 필요하다.			
7. 내향적인 사람은 냉담하고 쌀쌀맞아 보인다.			
8. 내향적인 사람은 수줍음 때문에 생활에 지장이 많다.			
9. 내향적인 사람은 좀 더 사교적이어야 한다.			

없는 노력을 통해 자신을 외향적으로 바꾸어야 할까? 단언컨대, 절대 그럴 필요가 없다.

　필자는 워크숍을 통해 부모들을 코칭하면서, 그리고 학교 심리교사로 일하면서 지난 15년 동안 교사와 학부모, 학생들에게 앞 워크시트와 같은 설문지를 나누어 주었는데, 그들이 한 문항씩 대답해 가는 과정에서 우리가 내향적인 이들에게 얼마나 큰 수치심을 주입하면서 위해를 가하고 있었는지를 통감할 수 있었다. 아이가 말이 없고 생각이 깊으면 쌀쌀맞다고, 친구들과 어울리지 못하면 사회생활에 적응이 힘들 것이라는 꼬리표를 붙여오면서 말이다.

내향적인 아이들의 선천적 재능

　이처럼 내향적인 이들을 폄하하는 문화 속에서 강요당했던 수치심을 없애려면 내향성의 긍정적인 측면을 아는 게 중요한데, 그중 하나는 내향적인 아이 대부분이 평생 자신의 인생 나침반이 될 신념을 어린 나이에 갖게 된다는 것이다. 이는 스스로 내면에서 답을 찾으려는 내향성의 기질에서 비롯된 것으로, 어떤 일의 결정에 있어 외부 평가보다는 자신의 느낌과 신념을 더 신뢰하기 때문이다.

　뿐만 아니라 내향적인 아이들은 세상을 아주 독창적인 관점에서 분석하는 능력이 있다. 카메론(Cameron)은 내향성과 연관된 고독은 본질적으로 창의성과 관계가 있다고 보았는데, 본성에 기인하는 이러한 창의성은 혁신적인 사고는 물론 다양한 문제를 멋들어지게 해결하는 기본 바탕이기도 하다.

또 내향적인 아이들은 본성적으로 감정적 정보를 획득하고 이용하는 능력인 감성지능이 발달했다고 한다. 감성지능이 인지발달만큼 중요하다고 본 대니얼 골먼(Daniel Goleman)은 감성지능이 발달하려면 자기인식(자기감정을 인식하는 능력), 자기성찰(매순간 자기감정을 관리하는 능력), 자기동기부여(자기훈련을 포함하여 감정에 따라 적절하게 행동하는 능력), 감정이입(타인의 감정을 이해하는 능력), 대인관계(사람들과 친밀한 관계를 맺는 능력) 등 다섯 개 영역의 능력이 발달해야 한다고 말했다. 선천적으로 이 모든 영역의 능력이 발달한 내향적인 아이들은 깊이 생각하고 감정과 기분을 내면적으로 가라앉히면서 중요한 무언가를 만들어내는 능력이 있는 것이다.

여기서 한 가지 강조하고 싶은 점은 깊은 관계를 형성하는 능력이 감성지능의 한 가지 특성이라는 것이다. 앞에서 이야기했듯 언뜻 보기에 내향적인 사람은 타인을 멀리하는 것처럼 보이지만 실제로는 세상일과 사람에 대하여 관심이 높은 이들이 대부분이다. 따라서 유대감이 더 강하고 확실할 뿐만 아니라 타인을 이해하고 싶은 마음이 강해 대화 시의 내용도 깊고 풍성해진다.

깊이 있는 사고력, 혁신, 감성지능, 의미 있는 관계 구축 등은 바로 내향성이 갖고 있는, 세상과 함께 나누어야 할 귀중한 재능인 것이다.

교실에서 내향적인
아이들의 장점 키우기

내향적인 아이들을 관찰하면 교실에서 긍정적으로 해석될 수 있는 특징들이 많다. 그들은 교사의 수업을 귀 기울여 듣고 창의적인 관점에서 과제를 다룬다. 공감능력과 학습동기가 높고, 의미 있는 관계를 맺는 특성도 있다. 물론 교실 분위기가 내향적인 아이들에게 맞춰져 있다는 전제하에 말이다.

하지만 불행하게도 대부분의 교실이 내향적인 아이들에게 맞추어져 있지 않다는 데 문제가 있다. 내향성의 긍정적인 측면을 키워주는 교실환경은 차분하지만 단조로운 분위기를 의미하지는 않는다. 과제를 어느 정도 자유롭게 완성할 수 있고, 모둠활동만 계속하는 것도 아니며, 과제의 진행도와 완성도가 균형을 이루는 분위기에서 교사는 시간을 들여 학생들을 파악하고, 자연스러운 학습의 일부분으로 모험을 받아들일 수 있는 교실환경을 조성해야 한다.

3장에서 내향적인 아이들을 위한 다양한 학습방법과 내향성의 장점을 극대화해 줄 구체적인 방법을 알아보겠지만, 아이들을 가르치는 교사로서 먼저 내향성의 정의를 다시 내리고, 내향적인 학생이 교실에서 발휘할 수 있는 재능이 어떤 게 있는지 심사숙고해야 한다.

우리는 굳이 말을 하지 않아도 내향적인 사람들이 세상에 기여한 부분이 무척이나 많다는 것을 알고 있다. 다음은 내향적인 사람들이 보여줄 수 있는 장점과 관련한 질문을 정리한 것이다.

Q 내향성의 장점과 문제점은 무엇입니까?

A 앞에서 내향적인 사람들의 미묘한 특성들을 알아보고 장점과 문제점을 살펴보았습니다. 다음의 〈표 4〉는 내향성의 장점과 문제점을 간략하게 요약한 것입니다.

〈표4〉 내향성의 장점과 단점

장점	잠재적 문제
생각이 깊다	단순한 일에 대해 너무 많이 생각한다.
아주 창의적이고 혁신적이다	과제를 완성하는 데 시간이 오래 걸린다
도움 없이도 잘한다.	협력을 힘들어한다.
호기심이 많다.	변화에 저항한다.
먼저 생각한 후에 행동한다.	지나치게 신중하다.
교제와 대인관계를 깊이 있게 발전시킨다.	처음에 친구 사귀는 것이 힘들다.

내향적인 사람들은 창의적으로 생각하고, 자신의 관심분야에서 열심히 노력하며, 인생에서 깊은 의미를 찾습니다. 어떤 일의 시작과 진행속도가 느려서 그렇지 내용 면에서는 아주 충실한 것이 특징입니다. 제대로 계발하면 아주 만족스러운 삶을 영위하게 해 줄 특성을 여러 가지 갖추고 있으므로, 이 재능을 최대한 발달시켜 세상과 나눌 수 있도록 해야 합니다.

내향적인 사람에게 기질적인 면에서 어떤 잘못된 점이 있나요?

이 질문은 원래 금발머리로 태어난 사람에게 어떤 잘못이 있느냐고 묻는 것과 같습니다. 그것은 그냥 배선의 문제이기 때문입니다. 물론 내향성의 특질 중에는 상대적으로 문제의 소지가 될 수 있는 면이 있습니다. 예를 들면, 또래와 상호작용을 잘 못한다거나 하는 것으로, 점심시간이나 쉬는 시간에도 많은 아이들과 함께 있어야만 하는 등 단체활동이 많은 학교에서 충분히 일어날 수 있는 일이지요. 또 시청각적으로 감정적으로 입력량이 너무 많을 때 그것에 힘들어하며 문제행동을 보이는 경우도 있을 수 있는데, 학교뿐 아니라 쇼핑센터나 놀이공원 같은 공개 장소에서도 이 같은 문제가 불거질 수 있습니다. 하지만 이런 어려움이 내향적인 아이가 꼭 세상과 상호작용을 못한다는 말을 의미하는 것은 아니며, 외향성의 특질 중에도 문제의 소지가 될 수 있는 면이 있는 것과 마찬가지의 경우일 뿐입니다.

Q 자신의 장점을 활용하려는 내향적인 아이에게 어떤 조언을 해주시겠습니까?

A 내향적인 아이가 내향성으로 인해 긍정적 또는 부정적인 면에서 자신이 어떤 영향을 받는지 스스로 인식하는 것이 중요합니다. 내향성으로 인해 파생되는 문제들을 미리 안다면 그것에서 더욱 자유로울 수 있겠지요. 내향적인 아이와 그 부모가 내향성의 긍정적인 영향력과 부정적인 영향력을 확인하고 나면 근거 없는 두려움에서 해방될 수 있을 것입니다. 그러고 나서 나중에 나올 내향성의 장점을 극대화하는 방법을 활용하면 내향적인 아이가 자신의 길을 가는 데 큰 도움이 될 것입니다.

Q 내향성과 수줍음은 무엇이 다릅니까?

A 기질에 대한 질문 중 이 질문을 가장 많이 받습니다. 수줍음은 주로 움츠리고, 의심이 많고, 겁이 많고, 주저하는 등의 현상으로, 상황에 따라서는 특정한 행동으로, 또 여러 가지 다른 상황임에도 같은 행동으로 나타나기도 하는데, 이는 전후 사정과 환경에 크게 좌우됩니다. 하지만 내향성은 환경요인에 그리 크게 좌우되지 않으며, 원래 조심하는 특성이 있기 때문에 새로운 환경에 맞닥뜨리면 좀 소극적인 모습을 보일 뿐입니다. 또 수줍음이 많으면 사교활동 자체를 꺼리는 경향이 있지만, 내향성 기질은 사람과의 교제는 즐기나 자신의 생각과 너무 다르다거나 너무 많은 사람과 함께 있

는 것을 힘들어할 뿐입니다. 때문에 저는 수줍음은 일반적으로 주변 환경에 대한 자신의 반응에서 영향을 받는 것으로, 내향적이거나 외향적인 사람 모두에게서 볼 수 있는 행동이라고 생각합니다.

저는 교사입니다. 제가 보기에 내향적인 편인 학생들은 설명하신 특성들 때문에 힘들어합니다. 제가 어떻게 도와주어야 할까요?

누차 말씀드렸지만 내향적인 학생을 처음 대할 때 내향성이 학생에게 긍정적으로는 어떤 영향을 미치고 부정적으로는 또 어떤 영향을 미치는지를 먼저 알아야 합니다. 아래의 〈워크시트 3〉를 통해 내향성이 어떤 의미가 있는지를 직접 판단하도록 도와주십시오. 그리고 문제가 된다고 확인한 사항을 학생 스스로 긍정적인 관점에서 새롭게 다시 생각해 볼 수 있게 해주세요. 예를 들어, 모둠활동을 꺼리는 자신의 태도에 대해 걱정하고 있다면 그것을 오히려 다른 사람의 도움 없이 혼자 해낼 수 있는 능력이라고 생각하게 만드는 것입니다. 물론 모둠활동에 효과적으로 참여할 수 있는 방법을 함께 찾아보는 것도 좋겠지요. 이처럼 도와주면 아이는 자신의 단점조차 긍정적으로 받아들이면서 장점으로 승화시키게 될 것입니다.

나에게 있는 내향성의 긍정적인 측면

다음과 같은 특성이 자신에게 있는지를 파악해 보고 의견을 정리한 후 자신의 문제점이라고 생각되는 것들을 적는다.

특성	나에게 해당한다 (그렇다/아니다)	나의 생각
생각이 깊다.		
창의적이고 혁신적이다.		
다른 사람의 도움 없이도 잘한다.		
호기심이 많다.		
먼저 생각한 후에 행동한다.		
교제와 대인관계를 깊이 있게 발전시킨다.		
단순한 일에 대해 너무 많이 생각한다.		
과제를 완성하는 데 시간이 오래 걸린다.		
협력이 힘들다.		
변화에 저항한다.		
지나치게 신중하다.		
처음에 친구 사귀는 것이 힘들다.		

SUMMARY

- 내향적인 아이에게도 긍정적인 자질과 재능이 있다.

- 현대 사회는 내향성의 특징을 잘못 이해하여 내향성을 나르시시즘, 무례함, 쌀쌀맞음 등으로 표현해 왔다.

- 내향적인 아이는 생각이 깊고 새로운 것을 배우는 걸 좋아한다.

- 내향적인 아이는 본성적으로 창의적이고 혁신적인 쪽으로 생각하는 성향이 있다.

- 내향적인 아이는 본성적으로 내면에서 깊이 있게 사고함에 따라 뛰어난 감성지능을 계발할 수 있다.

- 내향적인 아이는 다른 사람과의 관계를 깊이 있고 의미 있게 발전시키는 능력이 있다.

기질만 이해해도 해결되는 문제들

　　10년 전부터 영재성과 관련한 워크숍 주제에 기질을 포함시켜 온 필자가 평소와 같이 워크숍 준비를 하고 있던 어느 날 저녁 낯익은 한 여성이 찾아왔다. 그녀는 워크숍 시작 전에 나와 이야기를 나누고 싶어 했는데, 자신의 가족과 관련된 그 이야기는 가족들의 내향성과 외향성을 긍정적으로 이해하면서 생긴 자신의 변화가 가정에 어떤 영향을 미쳤는가 하는 것이었다. 다음은 그녀의 이야기를 적은 것이다.

　　교외에 거주하는 우리 부부에게는 다섯 살짜리 아들, 열 살과 열한 살의 두 딸 등 아이 셋이 있다. 남편은 회사에서 중간 관리자로, 나는 고등학교에서 영문학을 가르치고 있는데, 우리 부부는 모두 풀타임으로 일을 한다. 때문에 대부분의 일반적인 요즘 가정들과 마찬가지로 일은 늦게까지 하면서 돈은 좀 많이 쓰는 편인 반면, 아이들과 보내는 시간은 많지 않은 전형적인 중산층 가정이다.

나는 내가 이런 남편과 아이들을 잘 이해한다고 생각해 왔다. 14년 넘게 한 사람의 아내로, 12년 동안을 아이들의 엄마로 살아왔으니 그런 생각을 하는 것이 당연했다. 하지만 얼마 전 생각만큼 내가 그들을 많이 알고 있지 못하다는 것을 깨닫게 되었다.

퇴근 후 아이들을 돌보고 집안일을 하느라 녹초가 되는 게 보통의 일상인 나는, 늦게까지 채점을 끝내고 집에 돌아오는 날에는 너무 피곤해서 침대 위로 직행하거나 어디론가 숨어버리고 싶어진다. 하지만 불행히도 남편과 아이들의 계획은 다르다. 아이들은 저녁마다 하루 동안 있었던 일을 나에게 종달새처럼 재잘대는 것은 물론, 도움이 필요 없는 상황에서도 내가 숙제를 도와주는 걸 좋아한다. 게다가 밤이 되면 직장에서 있었던 여러 가지 흥미진진한 일들을 말하고 싶어 안달인 남편과 서로 직장에서 있었던 일들을 주고받으며 많은 시간을 보내야 하는 것이다.

물론 나도 아이들과 함께하며 이야기를 듣고, 숙제도 봐주고, 남편과 그날 있었던 일들에 대해 나누고 싶지만, 종일 학생들을 가르치고 늦게까지 채점을 마친 다음 집에 돌아오는 날에는 완전히 기진맥진한 상태가 되어 자고 싶은 생각밖에 안 든다. 반면, 저녁에 가족과 떨어져 미혼 때처럼 혼자 지내고 싶어 하는, 내 일부에서 솟

구치는 그런 욕망을 생각하는 것만으로도 나는 죄책감에 빠진다. 세상에 어떤 엄마가, 어떤 아내가 아이들과 남편과의 대화를 물리치고 싶겠는가? 나는 마음속으로 마구 뻗치는 욕구불만을 안으로 감추고 그냥 좋은 엄마와 아내가 되는 데 집중한다.

하지만 정작 문제는 그러다 어느 순간 아무 이유 없이 감정이 복받쳐 폭발하고 만다는 데 있다. 그리고 어느 시점 이후부터는 그런 상황이 너무 자주 일어났다. 적어도 가족의 기질에 대해 알게 되기 전까지는 말이다.

그러던 어느 날 영재아 관련 워크숍에 참가했을 때 발표자가 외향성과 내향성에 대해 이야기하면서, 외향적인 사람은 대화와 교제를 통해 '재충전'하지만 내향적인 사람은 재충전을 위해 혼자 있는 시간이 필요하다고 하는 말을 듣게 되었다. 귀가 쫑긋해진 나는 기질에 대한 이야기가 깊어질수록 내가 집에서 이유 없이 느끼는 욕구불만이 바로 그 때문이라는 생각을 떨칠 수가 없었다.

워크숍에서 돌아온 후 기질에 대해 좀 더 알아보면서 각각의 기질의 차이가 에너지를 재충전하는 방법의 차이와도 관련이 있다는 사실을 깨달았다. 우리 가족 중 내향적인 사람은 나 혼자였던 것이다. 그리고 나서는 아이들과 남편을 관찰할수록 기질의 차이를 더욱 확신하게 되었으며, 집에 돌아왔을 때 그렇게 피곤한 것도, 혼자 있고 싶은 것도 이해할 수 있었다.

한 달쯤 지나 당시 워크숍을 진행했던 강사를 찾아가 내향성의 구체적인 특징에 대해 물었다. 그녀는 내향적인 사람은 외향적인 사람 옆에 있는 것만으로도 초조해질 때가 있으며, 이미 다른 사람들에게 많은 시간을 사용해 피곤해진 상태에서는 그런 현상이 더욱 심해지기도 한다고 했다. 그러고는 내향적인 성향으로 교사를 하고 있는 자신의 친구로부터 "교사라는 직업이 보람되고 즐겁긴 하지만 심적·육체적으로 아주 지친다"는 말을 들었다는 것이다. 나와 똑같은 케이스였다. 나 역시 하루의 업무를 마치고 나면 전신의 기운이 다 빠져나가 혼미해지고 몸은 파김치처럼 축 늘어지는 일이 다반사였으니, 교사는 심신을 지치게 만드는 직업이라는 그녀 친구의 말에 충분히 공감할 수 있었다.

　그녀와 거의 한 시간 동안이나 이야기를 나눈 뒤 나는 그동안 집에서 그토록 몸과 마음이 불편했던 원인과, 나에게는 가족과의 소통도 중요하지만 그전에 내가 견딜 수 있을 정도만큼의 필요한 재충전이라도 하려면 혼자만의 휴식시간이 필요하다는 사실을 알게 되었다.

　집으로 돌아와 남편에게 워크숍 이야기와 함께 나의 기질에 대해 설명하면서 대화를 시도하자 남편은 깊은 관심을 보였고, 우리 부부는 집에 돌아오기 전에 내가 얼마간 혼자 보내는 시간을 가질 수 있도록 저녁시간을 조정했다. 그렇게 일주일 정도가 지나자 나는 퇴근 후 더 이상 초조해하지 않을 뿐만 아니라, 아이들과 남편과 마냥 즐거운 시간을 보내고 있는 나 자신을 볼 수 있었다. 이러한 변화는 오로지 잠깐이나마 혼자만의 시간을 확보한 덕분이었다.

내 기질은 물론 아이들과 남편의 기질까지 이해한 것은 내가 지금껏 배운 내용 중 실생활과 가장 밀접된 중요하고 효과적인 일이었다. 기질을 이해하고 그에 따라 각자에게 필요한 것을 채우면서 우리 가족의 유대는 더욱 강화되었고, 이전보다 훨씬 더 행복하게 지내고 있다.

가족이 서로의 기질을 잘 이해하기만 해도 관계가 훨씬 좋아지고 모두가 행복해질 수 있다는 사실을 보여주는 대표적인 사례로 볼 수 있는데, 우리 가족의 경우도 마찬가지였다. 나를 비롯해 모두 내향적인 반면, 큰딸 하나만 외향적인 우리 집 분위기에서 외향적인 딸의 요구가 어떻게 충족되지 못하는지, 그리고 왜 딸과 내가 그렇게 자주 충돌하는지를 알고 나서는 많은 문제들이 해결되었던 것이다.

2

집, 그리고
내향적인 아이들

부모는 아이들이 성인이 될 때까지 잘 보호하고 양육해야 하는 의무를 이행해야만 하는데, 아이가 내향적일 경우 이 의무는 큰 도전이 될 수도 있다. 외향성만을 장점으로 여기는 편향된 사회에서 어떻게 하면 아이들이 불이익을 당하지 않고 살아갈 수 있는지, 아이가 가진 내향성의 장점과 재능을 어떻게 발휘시켜야 하는지 등을 고민할 수밖에 없는 것, 그것이 바로 내향적인 아이를 둔 부모에게 떨어진 또 하나의 도전과제인 것이다.

　이 장에서는 내향적인 아이를 바람직하게 키우려면 가정에서는 어떤 환경이 필요하고 어떤 양육방식이 좋은지, 기질이 다른 가족의 상충되는 기대와 욕구를 충족시키면서도 서로 더 잘 이해하고 가까워질 수 있는 길은 무엇인지를 모색해 보려 한다. 하지만 그전에 집에서의 자신의 생활에 대한 평가가 선행되어야 하는데, 잘 되고 있는 부분은 무엇이고 조정이 필요한 부분은 무엇인지에 대한 평가가 최대한 솔직하고 객관적으로 이루어져야 한다. 그 점을 명심하고 다음의 질문에 대답해 보자.

　또 자신이 답한 내용을 다시 한 번 확인하고 다음 질문에 대해 생각해 보자. 내가 이루고 싶은 주요 목표는 무엇인가? 그리고 어떤 해답을 원하는가? 내향적인 아이를 키우는 일과 가족 구성원 중에 내향적인 사람이 있을 때 필요한 가정환경은 어떠해야 하는가?

〈질문〉

내향적인 아이를 키우는 일에 대한 생각

1. 나는 내 기질은 물론 다른 가족의 기질도 잘 안다.

    □ 그렇다   □ 아니다

2. 자녀를 키울 때 기질을 아는 것이 중요하다고 생각한다.

    □ 그렇다   □ 아니다

3. 내향적인 아이를 키우면서 겪는 가장 큰 문제는 _____

    이다(문장을 완성하시오).

4. 우리 가족은 한쪽 기질에 더 치우쳐 있다고 생각한다.

    □ 그렇다   □ 아니다

5. 우리 아이들은 기질(외향성과 내향성)이 다양하다.

    □ 그렇다   □ 아니다

6. (위 질문에 '그렇다'고 대답한 경우) 가족의 기질이 서로 다를 때 가장 큰 어려움

    은 _____ 이다(문장을 완성하시오).

내향적인 아이들을 위한 가정환경

"우리 부모님은 저를 정말 몰라요. 나한테 친구가 많길 바라시지만 저는 지금 그냥 이대로도 좋아요." ●올리비아(12세)

훌륭한 양육이란 아이를 얼마나 잘 이해하고 있는지, 가정환경이 아이에게 어떤 영향을 주는지를 아는 것에서부터 시작되는데, 내향적인 아이는 차분하고 체계적이며 휴식시간이 주어지는 분위기에서 능력을 발휘하며 자기 역할 이상을 해낸다. 하지만 살다 보면 언제나 그런 환경을 만들어줄 수 있는 것은 아니며, 분주하고 혼란스럽기만 한 이 시대에는 특히 그런 환경 만들기가 호락호락하지 않을 때가 종종 있을 수밖에 없다는 것은 어른이라면 누구나 알고 있는 바이다.

그나마 다행인 것은 내향적인 아이에게 도움이 되는 가정환경 자체가 내향성, 외향성을 불문하고 훌륭한 양육의 기반이 된다는 점이다. 부모가 아이에게 분명하게 기대하는 것을 아이로 하여금 알게 하는 일, 가정 내에서 부모와 아이의 경계를 명확하게 정하는 일, 어떤 일에 대한 부모의 반응을 아이가 예상 가능하게 만드는 일, 집안일을 통해 가정사에 참여할 기회를 주는 일, 가정 내의 규칙과 잘잘못에 대한 상벌 등을 정할 때 아이의 의견을 반영하는 일 등은 내향적인 아이에게 필요한 일일뿐만 아니라 튼튼한 양육의 기반을 다지는 일인 것이다.

행동에 대한 결과를 예측할 수 있는 집

변화에 민감한 내향적인 아이가 가족 구성원으로서 역할을 만족할 만큼 스스로 잘 해낼 수 있도록 하려면 일상적으로 일어나는 일들에 대해 예상할 수 있어야 한다. 아침에 일어나서 할 일, 학교에 다녀와서 할 일, 잠을 자기 전에 해야 할 일 등을 정해 놓으면 아이는 편안한 마음으로 침착하게 자신의 일을 수행한다. 반면, 일상에 변화가 있을 때를 대비해 평소 아이에게 어떻게 대비해야 하는지 준비를 시키는 것도 아이를 혼란스럽게 하지 않는 또 하나의 방법이다.

부모는 대체로 예상과 결과가 분명한 자녀의 행동을 좋아한다. 마찬가지로 내향적인 아이도 가족 구성원 중 누가 어떻게 행동했을 때 어떤 결과가 나타나는지를 알 수 있다면 그에 대해 적절하게 대처하는 능력을 갖추게 된다. 또 집안일을 비롯한 다른 부분에 대해서도 부모가 자신에게 어떤 기대를 갖고 있는지를 알고 있으면, 자신에 대한 부모의 기대가 도를 너무 많이 넘지만 않으면 그 기대에 부응하려고 노력한다. 하지만 기대가 과도해지면 내향적인 아이들은 가장 간단하고 기본적인 규칙도 따르지 않으며 고집을 부리게 되는데, 이때 아이로 하여금 부모의 요구에 대해 깊이 생각해 볼 시간은 주지 않고 무조건 엄격하게만 대하면 상황은 더욱 악화될 뿐이다.

기대만큼 결과도 분명한 집

하지만 이처럼 가정에서의 모든 일들이 잘 정리되어 있음에도 아이가 적절하게 행동하지 않는 경우에는 어떻게 해야 할까? 당연히 행동에 대한 기대가 분명해야 하는 것만큼 결과도 분명해야 한다. 예를 들어, 아이들이 등교 전에 스스로 자기 침대를 정리하는 것이 기대행동이라면, 그것을 충족했을 때는 좋아하는 한 가지 놀이를 할 수 있게 하거나 시간을 늘려주고, 충족하지 못했을 때는 좋아하는 일에 대한 활동시간을 줄인다는 규칙을 정해 놓음으로써, 자신의 행동에 대한 책임을 져야 한다는 걸 반드시 확인시켜야 한다는 말이다.

우리 집에 대해 알아보기

다음 각 문항을 읽고 가족 구성원 모두 각각 자신의 가정과 관련지어 대답해 보자.

	그렇다	아니다	어느 쪽도 아니다
1. 가족 구성원 모두 서로에 대한 기대 또는 규칙을 잘 알고 있다.			
2. 정해진 규칙이 가족 구성원에게 의미가 있다.			
3. 가족 구성원 모두 규칙을 어겼을 때의 결과를 잘 알고 있다.			
4. 결과에는 일관성이 있다.			
5. 가족 구성원 모두 가정에서의 자신의 역할을 잘 알고 있다.			
6. 가족 구성원 모두 서로의 경계를 존중한다.			
7. 부모의 행동에 대한 예측이 가능하도록 아이들에게 일관된 반응을 보인다.			
8. 가족 구성원 모두 해야 할 집안일이 있고, 그것이 무엇인지 잘 알고 있다.			
9. 가정에서 이루어지는 중요한 일의 결정에 아이들이 참여한다.			
10. 가족 구성원 모두 가정을 꾸려나가는 데 도움을 주고 있다.			

자신의 대답에서 눈에 띄는 점이 있는가? 가족 구성원 사이에 의견이 일치하지 않는 점이 있는가? 일치하지 않는 부분에 대해 해명이 필요하지는 않은가?

여기서 한 가지 주의할 점은 행동에 따르는 결과는 아이들과 의논해 적절한 선에서 정해야 한다는 것이다. 아이들에게 자신의 행동에 따라 부모의 반응이 결정되며, 결과에 대한 책임은 스스로 져야 한다는 점을 수긍하게 만들어야 긍정적인 훈육이 이루어질 수 있을 뿐만 아니라, 아이로 하여금 이행하지 않은 결과로 벌을 받을 때 생길 수 있는 격정적인 감정을 미연에 방지하여 그 감정에 휘둘리지 않게 할 수 있으며, 아이가 계획된 반응을 하게 됨으로써 부모와 아이 모두에게 좋은 관계를 지속시킬 수 있는 기회가 주어지게 되기 때문이다.

아이가 흥분했을 때를 학습의 기회로 삼는 집

혹, 자신이 예상하지 못했던 변화로 인해 환경에 압도당한 아이가 당황한 나머지 흥분하여 소리를 지르면서 불만을 토로하거나, 큰소리로 울거나, 고집을 부리면서 격한 감정을 표출할 때는 침착하게 접근해 아이의 흥분을 가라앉히는 것이 중요하다. 부모는 이 또한 아이의 성장과정 중 언제든 일어날 수 있는 자연스러운 부분이라는 것을 기억하고 냉정을 유지해야 할 뿐만 아니라, 오히려 그런 상황을 긍정적인 훈육을 위한 학습의 기회로 삼아야 한다. 화가 난다고 해서 대부분이 부모들처럼 아이의 대응태도를 꾸짖으며 힘으로 아이를 제압하려 한다면 내향적인 아이들과의 관계는 걷잡을 수 없는 불신의 늪으로 빠져들 수 있다.

아래의 〈Tip 1〉을 통해 자신이 얼마나 긍정적인 훈육방법을 사용하고 있는지 스스로 판단해 보자.

긍정적인 훈육은 결과의 초점을 벌(罰)이 아닌 교육 또는 재교육에 맞추는 것이다. 자신의 훈육방식이 효과적이지 못하다고 판단되면 재고해야 한다.

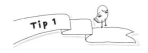

긍정적인 훈육

현재 자신의 훈육방법을 염두에 두고 질문에 대답한다.

- 나는 어떤 방법으로 우리 아이를 훈육하는가?
- 나의 훈육방법을 통해 내 아이는 더 나은 의사결정기술을 배우고 있는가?
- 나의 훈육방법은 아이의 나쁜 행동을 고치고 있는가?
- 지금의 방법 외에 더 좋은 훈육방법을 도입할 필요는 없는가?
- 아이를 훈육할 때 화를 내는가?
- 충동적으로 훈육하는가?
- 내 훈육의 목적은 무엇인가?

가족 간 역할과 경계가 명확한 집

아이는 아이다워야 함에도 요즘은 미처 준비되기도 전에 아이에게 어른의 역할을 강요하는 경향이 있는데, 내향적인 아이에게는 특히 명확한 가족 구조와 함께 가족 간에도 엄연한 경계와 규칙과 역할이 있음을 분명히 알게 해야 한다. 이러한 경계 설정은 부모와 자녀의 역할에만 국한되는 것이 아니라 부부간, 형제자매간에도 필요하다.

또한 부부 각자가 아버지는 아버지로서, 어머니는 어머니로서 자녀와의 고유한 관계를 맺는 일도 중요한데, 예를 들어, 부모 중 한 사람이 아이를 훈육할 때는 다른 한 사람이 관여하지 않음으로써 적절하게 경계를 유지하면 아이는 아버지와 어머니를 동등하게 존중하게 된다. 여기서 반드시 유념해야 할 한 가지는 부모의 의견이 서로 맞지 않아 격렬한 논의가 필요할 때는 아이가 듣지 못하는 곳에서 해야 한다는 점이다.

또 내향적인 아이에게는 형제나 자매간이라 하더라도 별도의 공간을 마련해 주는 것이 좋다. 방을 따로 줄 수 있는 형편이 아니라면 그 안에서 적절하게 나누어 자신만의 공간을 가질 수 있도록 해야 한다. 뿐만 아니라 개인 공간 외에도 사생활이 지켜진다는 느낌을 갖도록 하는 일이 매우 중요하다. 즉, 다른 가족들이 내향적인 아이의 방이나 그만의 공간에 들어갈 때는 꼭 노크나 다른 행동을 통해 알리도록 규칙을 정함으로써 내향적인 아이의 특정 시간을 방해하지 않도록 배려해야 한다. 그래야만 내향적인 아이가 바쁜 일상 또는 외향적인 다른 가족과 잠시 떨어져 자기만의 시간을 보내면서 필요한 휴식을 취하고 에너지를 재충전하는, 아이에게는 마치

성역과도 같은 '작은 은신처'로서의 역할을 할 수 있다.

〈Tip 2〉는 부모와 자녀가 적절한 경계를 정할 때 명심해야 할 점은 무엇인지에 대해 생각해 볼 수 있는 질문들이다.

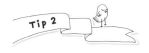

경계에 대한 주의사항

- 가족 관계에서 당신의 역할은 무엇인가?
- 당신은 다른 가족의 경계를 존중하는가?
- 다른 가족은 당신의 경계를 존중하는가?
- 경계가 무시당했을 때 당신은 어떻게 해야 하는지 아는가?

아이가 가장 민감해하는 부분을 아는 집

내향적인 아이로 하여금 늘 안정적이고 침착한 태도를 유지하게 하려면 아이에게 가장 크게 영향을 미치는 것이 무엇인지를 부모가 알고 있어야 한다. 즉, 결정적인 문제, 아이의 몸과 마음을 뒤집어놓는 문제가 무엇인지 잘 알아서 사전에 주의해야 한다는 말이다. 대부분의 부모들이 그 부분에 대해 가볍게 생각하는 경향이 있는데, 일이 잘 풀리고 안정적인 상태일 때는 아이의 행동폭발에도 관대해지거나 냉정을 유지할 수 있을지 모르지만, 요즘처럼 변화가 급격하게 일어나는 현실에서는 아무리 부모라고 해도 늘 안정과 평온을 유지하기가 쉽지 않은 게 사실이다.

실제로 별다른 좋은 일 없이 피곤한 하루를 보내고 나면 진이 빠져 가족에게나 자신에게나 주의 깊게 신경을 쓰기가 어렵다. 그렇게 아이와 부모 모두 육체적·정신적으로 피곤이 쌓이거나 스트레스를 받으면 서로 행동폭발의 계기가 되는 결정적인 문제가 밖으로 드러나면서 갈등이 증폭될 가능성이 높아지게 되는 것이다. 따라서 부모는 항상 자신의 행동반응을 조절하기 위한 노력을 해야 한다. 자기감정도 통제하지 못하는 부모가 아이에게 감정 조절을 기대한다는 것은 말이 안 되는 이야기이다.

〈Tip 3〉에는 자신의 행동을 통제하는 데 도움이 되는 자아성찰 질문이 제시되어 있는데, 부모뿐 아니라 내향적인 아이에게 스스로 반응을 통제하는 법을 가르칠 때 활용하면 좋다.

반응 통제하기

- 나는 아이에 대한 내 감정반응에 주의하는가?
- 나와 아이 사이에 감정의 골이 생겼는가?
- 나는 아이의 극단적인 반응에 내 감정을 개입시키지 않는가?
- 나는 침착한 태도를 유지할 수 있는가? 아니면 휴식이 필요한가?

가정 경영에 아이를 참여시키는 집

내향성 기질의 아이는 관계를 깊이 있게 발전시키려는 경향이 있다고 전술했다. 따라서 가정에서 집안일 또는 그와 관련된 의사 결정 등 가정을 꾸려나가는 과정에 아이를 적극적으로 참여시키는 것, 즉 여름휴가 장소를 정한다거나 저녁시간에 가족끼리 뭔가를 하기로 결정할 때 아이의 의견을 충분히 반영하는 등 공동체 의식을 함양하는 환경이 가정 내에 조성되면 내향적인 아이의 선천적인 교제능력을 더욱 높일 수 있다. 또 아이에게 침실 정리나 식사 준비, 설거지 돕기, 애완동물 돌보기 등 집안일에 일정한 역할을 주고 자기가 맡은 책임을 다하게 한다면 타인이 하는 일에 대한 존중과 훈육을 동시에 하는 효과를 불러일으킬 수 있다. 이처럼 가정 경영에 아이를 참여시킴으로써 자신이 소중한 가족의 일원임을 자각시키는 것은 특히 침잠하는 경향이 있는 내향적인 아이들에게 꼭 필요한 일이다.

가족회의를 자주 하는 것도 좋다. 그것은 정말 중요한 훈련의 하나로, 작은 일도 같이 얘기하고 함께하다 보면 아이는 점점 자기 의견을 거리낌 없이 말할 수 있게 된다. 하지만 처음에는 그런 회의에 아이가 부담을 느낄 수 있으므로 의견을 강요하는 듯한 태도를 보여서는 안 된다. 내향적인 아이 중에는 회의 중 의견 대립이나 빨리 대답해야 하는 게 불편해 아예 입을 닫는다든가 솔직하게 말하기를 주저하는 경우도 많다. 그럼에도 회의를 가족의 일상으로 만들고 참여방법을 다양하게 하면 아이는 자신의 의견을 말하고 설득하고 합의를 이끌어내는 기술을 자연스럽게 배우게 될 것이다.

아이가 처할 수 있는 위험을 이야기하는 집

아이들에 대한 이야기를 하면서 빼놓을 수 없는 하나는 아무리 힘들어도 그들과 꼭 대화를 해야만 하는 주제가 있다는 것이다. 우리가 사는 작금의 세상은 아이들이 고등학교도 들어가기 전부터 섹스, 환각제, 알코올 등 온갖 위험한 것들에 무방비로 노출되어 있다. 부모는 이러한 것들에 대해 아이들에게 어떻게 이야기해야 하는지, 양육과 관련하여 이러한 문제들을 어떻게 다루어야 하는지, 특히 자신의 마음속 깊은 이야기를 잘 털어놓지 않는 내향적인 아이에게는 어떻게 해야 하는지 고민스러울 수밖에 없다. 어릴 때부터 아이로 하여금 효과적으로 의사소통 기술을 익히도록 해야 하는 이유가 거기에도 있다.

내향적인 아이들은 생각이 깊어 충동적으로 의사결정을 하는 일이 드물고, 그런 성향이 위험한 선택이나 행동을 줄이는 데 분명 도움이 되는 것은 사실이지만, 반대로 정면대립을 싫어하는 성향이 있는 그들의 특성상 일단 위험한 것들에 노출되어 발을 들여놓으면 더 깊이 빠져들 가능성이 높다는 데 문제가 있다. 따라서 '내 아이는 안 그럴 거야'라는 확신을 버리고 위험한 상황에 처했을 때의 대처 방안을 아이와 함께 생각해 보고 이야기해서 정해 놓는 것이 좋다.

주의해야 할 점은 꼭 해야 되는 이야기라고 해서 일방적이고 강압적으로 대화를 진행해서는 안 된다는 것이다. 명령에 의한 대화를 몹시도 거북하게 여기는 내향적인 아이는 강압적인 분위기에서는 이야기 자체를 안 하려 들 수도 있다. 하지만 그런 태도가 대화 자체에 관심이 없다는 뜻은 아니므로 아이가 즐겨 대화할 수 있는 분위기를 조성하면 언제든 대화가 가능할 것이다. 아이에게 위험 상황이 닥칠 수 있다고 예상되면 부모는 아이에게 자신의 생각과 의견을 지속적으로 얘기하는 것이 좋다. 그래야만 부모와의 친밀도는 물론 신뢰감이 높아진다.

부모의 역할은 가족 구성원 각자에게 맞는 유익한 의사결정이 이루어지도록 뒷받침하고, 아이들이 작은 사회라고 할 수 있는 가정 안에서 규칙을 지키는 마인드를 갖출 수 있도록 지도하며, 사회성을 기르면서 강한 회복탄력성을 가질 수 있도록 인도하는 일이다.

두 기질의 아이들에게
기대치 얻어내기

교실은 우리 사회의 축소판으로 외향적인 학생과 내향적인 학생의 비율이 대개 3 : 1 정도 된다. 이처럼 서로 다른 기질을 가진 학생들이 섞여 있는 교실을 안정시키는 것은 쉽지 않은데, 각각의 기질마다 교실환경에 적응하기 위한 나름의 조건이 다르기 때문이다. 게다가 학습 차이, 성별 차이 등까지 고려하면, 학습효과를 극대화하고 화기애애한 교실환경을 조성하는 일은 차치하고, 아이들을 교실환경에 적응시키기 위해 필요한 조건을 충족시키는 준비만 해도 급급하게 될 것이라고 생각하는 교사들이 대다수일 것임은 당연한 일이다.

각양각색의 교실에서 공통된 기대를 충족시키기는 분명 어렵지만, 각각 다른 기질이 어떻게 작용하는지를 이해하면 각 학생에게 맞는 기대의 기준선 정도는 정할 수 있다. 자기가 맡고 있는 학생들의 기질만 잘 파악하고 배려한다면 문제는 아주 간단해질 수도 있다는 말이다.

외향적인 학생들에게는 활동적이고 감각자극이 풍부한 교실이 좋다. 수업시간에 발표도 잘하고 친구를 사귀는 면에서도 능동적인 그들은 협력활동을 즐기며, 단기 기억력을 포함한 기계적인 기억력이 좋기 때문에 자극이 있으면 학습에 잘 참여할 수 있다.

반면, 내향적인 학생들은 창의성이나 생각 중심의 수업에 강한 모습을 보인다. 그러므로 폭넓은 학습보다는 심화학습이 유익하며, 특히 관심 있는 과목의 경우 수업 집중도가 뛰어날 수밖에 없다. 다르게 생각하고, 자신이 아는 내용을 처리하고 입증할 시간이 충분하면 누구보다 침착하게 학습에 깊이 참여할 수 있다. 하지만 오늘날 대부분의 학교에서 실시하는 지필고사 등의 단시간 시험에는 외향적인 아이들과 비교해 취약할 수밖에 없으며, 공개적인 벌칙이나 규율을 대하는 방식에도 잘 적응하지 못하는 게 사실이다.

이러한 아이들의 기질적 차이점을 고려할 때 교사가 어떻게 해야 두 기질의 아이들 모두에게 생각한 만큼의 기대치를 얻어낼 수 있을까? 그 해답은 교실 안에서 이루어지는 일들이 어떻게 구성되느냐에 있는데, 수업을 할 때는 모둠활동과 개인활동에 두루 초점을 맞춘 기대 설정, 주제에 대해 깊이 있게 조사해야 하는 과제, 다양한 사고와 창의적인 방법을 통한 문제 해결 모색 등 기존의 방식과 새로운 학습방식이 균형을 이루는 상황에서 아이들을 지도하면 두 기질의 학생 모두 잘 적응하는 교실이 될 수 있다.

덧붙여 교실 내에서 교사 모르게 종종 일어나는 왕따나 폭력이 아예 발을 붙이지 못하도록 늘 아이들에게 깊은 관심을 갖는다면 기질과 상관없이 대부분의 아이들이 편안하게 느끼면서 학업에 대한 높은 성취도를 나타내게 될 것이다.

내향적인 아이들의 양육에 관하여

지난 10년 동안 필자는 내향적인 아이를 향상시키기 위한 기반을 다지는 방법에 대해 수많은 질문을 받았다. 그중에서도 '내향적인 아이가 껍질을 깨고 나오게 하는 법'과 '아이를 좀 더 사교적으로 만드는 방법'에 관심이 집중되는 것을 볼 수 있었는데, 그런 질문의 의도가 꼭 내향적인 아이들을 외향적으로 만들려는 목적 때문만은 아니라는 생각이 들었다. 다음은 지난 몇 년 동안 필자가 들었던, 내향적인 아이들을 위해 가정에서 무엇이 필요한지 하는 질문들에 대한 대답을 정리한 것이다.

ⓠ 내향적인 아이에게 이상적인 가정환경 같은 것이 있나요?

ⓐ 그런 게 있다면 정말 좋겠죠? 그러나 안타깝게도 그런 것은 없습니다. 하지만 분명히 말할 수 있는 것은 내향적인 아이에게는 차분하고 안정적인 가정 분위기와 자기만의 공간이 중요하다는 사실입니다. 그곳에서 자기가 원할 때 쉴 수 있도록 해주되 그 공간을 마음대로 할 수 있는 자율권이 클수록 더욱 좋습니다. 의무적으로 참여해야 하는 일이 많거나 장시간 많은 사람들에게 둘러싸이는 일이 있을 때 아이는 더욱 더 자기만의 공간을 갈망합니다. 그밖에도 취침시간, 아침시간, 숙제시간 등 규칙적인 일상 속에서도

혼자 있는 시간을 주고, 지나친 압박을 덜어주며, 단백질이 들어간 균형 잡힌 식사와 간식을 제공한다면 내향적인 아이가 재충전하면서 생활에 최선을 다할 수 있는 환경이 조성될 수 있습니다.

Ⓠ 내향적인 아이에게 가장 효과적인 징계방법은 무엇인가요?

Ⓐ 모든 아이들이 자신의 행동에 대해 어떻게든 책임을 져야 합니다. 그것이 인생입니다. 다만, 아이가 치러야 할 대가 자체에 주목하기보다는 문제 행동의 요인이나 원인에 대한 이해가 바탕이 되어야 합니다. 내향적인 아이의 문제 행동에 대한 부모의 적절한 반응은, 먼저 아이에게 "쉬어야 할 것 같구나"라고 말하는 것입니다. 아이는 그 말에 위로받으며 부모의 이해와 격려에 고무되어 필요할 때 휴식이나 도움을 청하는 법을 배우게 됩니다. 그렇게 아이가 더 이상 문제를 일으키지 않고 휴식을 취하고 나면 그 행동을 칭찬해 주고 나서 부족한 부분에 대해 이야기해 주어야 합니다. 가끔은 아이가 부모의 예상대로 반응하지 않을 때가 있을 것이며, 소리를 지르거나 불손하게 행동할 때도 있을 것입니다. 그럴 때는 아이에게 '시간 보내기'를 권하십시오. 아이뿐만 아니라 부모도 마음을 가라앉히고 긴장을 풀 수 있는 시간이 필요한 때입니다. 시간이 지나 여유를 되찾으면 아이는 반성할 건 반성하면서 자신의 문제를 자각하게 되는데, 그때 아이로 하여금 사과를 하게 하십시오. 그럼에도 계속해서 화를 낸다면 짧은 시간 동안 아이의 어떤 권리를 금지하는 것도 좋습니

다. 잘못된 행동을 했을 때가 아이가 부족한 부분을 채울 수 있는 절호의 기회라는 사실을 명심하고, 어리석게도 그 기회를 아이와 자존심 싸움을 하면서 힘을 겨루는 시간으로 흘려보내지 마십시오.

Q 내향적인 아이에게 하루 일을 자발적으로 말하게 할 수 있을까요?

A 아이가 말문을 닫는 이유는 부모에 대한 믿음이 부족하거나 자신이 하려는 말에 대한 확신이 서지 않기 때문일 수 있습니다. 게다가 또 부모들은 가장 적당하지 않은 때 내향적인 자녀와 대화를 시도하는 경향이 있습니다. 이를테면, 학교에서 돌아오자마자 또는 신경이 많이 쓰이는 모임을 끝내고 돌아오자마자 무슨 일이 있었는지를 묻는 것이죠. 사실 이때가 내향적인 아이에게 말을 시키기에는 가장 부적절한 시간이라는 것을 알아야 합니다. 아이에게는 말을 하라고 강요당하기 전에 혼자 그날을 정리할 휴식시간이 필요하기 때문이지요. 그날 있었던 일을 물어보는 시간을 아이에게 맞추었다면, 아이로 하여금 솔직하게 이야기하도록 만드는 기술을 익혀야 합니다. 물어볼 때에도 기술이 필요하다는 말입니다. 우선 '네' 또는 '아니오' 같은 단답형 대답이 나올 수 있는 질문을 피해야 합니다. 내향적인 아이는 '아니오' 또는 '몰라요' 등 단답형으로 대답을 할 가능성이 높은데, 그렇게 되면 대화는 거기서 더 이상 진전될 수가 없습니다. 그리고 아이가 질문에 대답할 시간을 충분히 주어야 하며, 대답을 하고 나면 그것을 다시 한 번 확인하는 질문을 하는 것이 좋습니다.

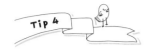

내향적인 아이와 나누는
솔직한 대화 기술

- 학교에서 또는 친구들과의 모임이 끝난 후 부모는 대화를 시도하기 전에 아이에게 긴장을 풀 시간을 준다.
- '네' 또는 '아니오'라는 단답형 대답이 나오기 쉬운 방식의 질문을 삼간다.
- 대답할 시간을 충분히 준다.
- 한 번에 여러 가지 질문을 하지 않는다.
- 아이에게 대답하지 않아도 되는 여지와 선택권을 준다.
- 차 또는 설거지를 하면서 등등 일상 속에서 자연스럽게 대화할 수 있는 기회를 자주 만든다. 내향적인 아이는 그런 상황에서 훨씬 더 솔직해진다.

아이가 셋인데 하나는 외향적이고 둘은 내향적입니다. 식구끼리 기질이 달라서 생기는 다툼을 해결하는 비결이 있나요?

다둥이 가정이라면 대부분 서로 다른 기질의 아이들이 섞여 있게 마련이지요. 이런 상황에서 무리 없이 가정을 이끌어가기 위해서는 내향적인 아이(차분하고 체계적인 아이)의 요구와 외향적인 아이(활발하고 사교적인 아이)의 요구를 균형 있게 들어줄 수 있는 환경을 조성해야 합니다. 자신의 기본 욕구가 충족될 때 서로 다른 두 기질이 만나도 충돌하지 않습니다. 가족 구성원이 많을수록 자신의 기질과 가족 내 다른 식구의 기질을 이해하도록 노력하십시오. 균형을 잡는 비결은 거기서부터 시작되니까요.

Q 두 기질의 학생들이 섞인 교실에서 내향적인 학생들이 편하게 생활할 수 있도록 하려면 교사인 제가 어떻게 해야 하나요?

A 내향적인 학생에게는 차분한 학습환경이 필요합니다. 3장에서 자세히 설명하겠지만, 차분한 교실환경은 차분한 가정환경을 조성하는 방법과 비슷한 식으로 만들 수 있습니다. 일관성 있고 꾸준하게 이루어지는 일상적인 프로그램들, 예상 가능한 학교생활, 기대치에 대한 분명한 설정, 언제나 한결같은 교사의 태도, 눈높이를 맞춘 체계적인 교수법 등이 그것입니다. 그 밖에 모둠활동과 개인활동의 균형, 발표 프로젝트에 대한 융통성, 수업과 관련한 충분한 학습시간 등도 필수적입니다. 이런 방법들이 내향적인 학생에게서 최선의 결과를 이끌어낼 수 있습니다.

SUMMARY

- 내향적인 아이는 차분하고 체계적인 환경에서 공부나 과업을 잘 해낸다.
- 내향적인 아이는 기대와 경계가 명확하고 가족과의 유대가 돈독할 때 안정적이고 적극적이다.
- 내향적인 아이는 재충전을 위해 자신만의 공간과 시간이 필요하다.
- 내향적인 아이는 강요 등에 의해 압도당하면 자기 페이스를 잃기 쉽다.
- 내향적인 아이는 긍정적인 훈육과 충분히 규칙적이고 예상 가능한 일상, 자신이 신뢰할 수 있는 양육 스타일에 잘 반응한다.

내향적인 아이들과
회복탄력성

"사람들과 잘 어울리지 못하는 제가 싫어요. 어디에 가나 부끄러

워 어쩔 줄 모르는 제 모습이 지긋지긋하다고요." ● 선(13세)

'원래의 상태로 돌아가거나 변화에 적응하는 능력'을 가리키는 회복탄력성은 끊임없이 변화하는 오늘날을 살아가는 아이들에게는 꼭 필요한 것 중 하나로, 어느 정도의 회복탄력성을 갖추고 있느냐에 따라 도전을 즐기며 살아가느냐, 아니면 실패의 구렁텅이에 빠져 자포자기하는 심정으로 살아가느냐가 결정된다.

내향적인 아이에게 꼭 필요한 회복탄력성

회복탄력성을 키우려면 먼저 환경에 대한 자율성, 즉 환경을

지배할 수 있는 힘을 길러야 하는데, 그러기 위해서는 어떤 상황에서라도 긍정적인 측면을 볼 줄 아는 능력, 고난이 닥쳤을 때 그에 짓눌리지 않고 극복해낼 줄 아는 능력을 갖고 있어야 한다.

하지만 내향적인 아이에게 그런 능력은 자연스럽게 갖추어지는 것이 아니다. 때문에 주변의 상황에 의해 압도당하게 되면 자신의 생활에 문제가 생길지도 모른다고 생각하는 내향적인 기질로 인해, 그에 대한 지배권을 쟁취하기 위한 방법으로 똥고집을 부리고, 주변의 모든 도움을 거부하면서 상황을 심각하게 몰아가기도 한다. 원래의 상태로 돌아가지 못하고 폭발하게 될 수밖에 없는 것이다.

반면, 회복탄력성이 발달한 아이에게는 세 가지 능력이 생기는데, 첫째는 뛰어난 자율성과 환경을 지배하는 능력의 발달이고, 둘째는 타인과 깊은 관계를 맺고 그 관계 속에서 더욱 단단하고 성숙해질 수 있는 지원과 위안을 찾는 능력이며, 셋째는 인생의 중대한 국면에 나타날 수 있는 좌절이나 저항 등 감정적인 변화를 관리하는 능력이다. 이처럼 아이가 인생을 살아가며 고난을 겪을 때 아이를 보호해 주는 방어막이 되는 회복탄력성은 특히 어려움에 부닥쳤을 때 속 깊은 곳으로 숨어들기 쉬운 내향적인 아이에게 더욱 중요하다. 때문에 부모는 내향적인 아이에게는 반드시 회복탄력성을 길러주어야 한다.

아이에게 돌아가야 할 적절한 지배권

회복탄력성을 길러주기 위해 부모가 할 일 중 첫 번째는 아이에게 상황에 대한 지배권을 적절히 주는 것이다. 〈Tip 5〉는 부모가 아이에게 선택권 또는 지배권을 얼마나 주고 있는지 알아보는 질문이다.

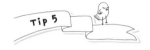

지배권 분배

내향적인 자녀에게 자율권을 얼마나 주고 있는지 알아보자.

- 어떤 일에 대해 아이에게 선택의 기회를 주고 있는가?
- 우리 아이는 안전한 선택을 할 수 있는가?
- 각 선택의 단점은 무엇인가?
- 아이에게 선택의 기회를 준 것이 아이에게 방해가 된다고 생각하는가?

그런 다음에는 아이가 생활에서 무엇을 지배할 수 있고 무엇을 지배할 수 없는지 알게 하고, 자기가 가진 지배권을 어떻게 사용해야 하는지를 가르쳐야 한다. 그 과정을 통해 아이는 자기가 세상의 주인이기도 하지만 한편으로는 또 어쩔 수 없는 부분이 있다는 것을 자각하고 받아들이게 될 뿐만 아니라, 자기가 지배할 수 없는 것은 그대로 두는 법을 배우게 된다. 이를 바탕으로 자신의 방식이 받아들여지지 않을 때도 자신의 기분을 조절하면서 심리적인 저항 없이 이 세상에 적응하는 법을 습득해 나가게 되는 것이다.

필자는 자기가 가진 지배권에 대해 알고 적절하게 사용할 수 있는 방법으로 영재아를 위해 개발한 '홀라후프 기법'을 이용하는데, 〈TIP 6〉에 그 기법에 대해 간략하게 설명해 놓았다. 주변 환경이 자기의 생각과 달라 당황한 내향적인 아이가 자기 의견을 굽히지 않고 계속 고집을 부릴 때 이 기법을 사용하면 상황이 최악으로 치닫기 전에 어느 정도 고집을 가라앉힐 수 있을 것이다.

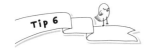

홀라후프 기법

- 바닥에 홀라후프나 다른 동그란 원이 있다고 상상한다.
- 그 가운데로 들어간다.
- 원 바깥은 모두 나의 지배 범위를 벗어난 것으로 친구와 가족, 학교 등이 포함된다.
- 원 안에 있는 것은 모두 내가 완벽하게 지배할 수 있다. 내 생각과 느낌, 믿음, 행동 등이 포함된다.

내향적인 아이를 자극하는 무언가가 있다면 이 기법을 활용하여 그것이 아이의 지배력 범위 안에 있는지를 판단해 보게 하라. 아이가 지배할 수 있는 것이라면 자신의 느낌을 바꿈으로써 그것을 해결해 나갈 수 있다. 하지만 그렇지 않다면 그냥 두고 앞으로 나아가야 한다는 것을 일깨워주어야 한다.

내향적인 아이들이 가져야 할 자기효능감

　어떤 상황에서도 훌륭하게 역할을 수행할 수 있다고 자신을 믿는 자기효능감 또한 회복탄력성을 발달시키기 위해 꼭 필요한데, 내향성의 가장 강한 특성인 내적 감각의 발달은 자기효능감과 깊은 관계가 있다. 자기의 정신력을 믿으며 자기와의 대화를 통해 자기 감정과 주변 환경을 지배하고 있는지를 끊임없이 확인하는 내향적인 아이들은 본래부터 외부의 확신이나 확인이 필요 없는 사람들이다. 따라서 그러한 본성을 긍정적으로 잘 발달시키기만 한다면 자기효능감은 충분히 갖출 수 있는 요소이다.

　그럼에도 인생의 굴곡을 스스로 헤쳐 나갈 수 있다는 믿음을 확고히 하기 위해서는 문제해결능력과 필요할 때 주변에 도움을 구할 수 있는 능력이 있어야 한다.

　내향적인 아이는 생각할 시간만 충분하면 자력으로 문제를 해결해내거나 혁신적으로 풀어내기도 하지만, 고민할 시간이 제대로 주어지지 않은 상태에서 빠르게 해결해야 하거나 주변에 도움을 요청해야 하는 상황이라면 그런 능력이 발휘되기 어렵다. 그들에게 이 두 가지 상황은 때로 엄청난 도전으로 다가올 뿐만 아니라 실패했다는 자괴감에 빠지게 만들 수 있는데, 그것은 자기효능감을 갖는 데 매우 부정적인 영향을 미칠 수밖에 없다.

인정을 바탕으로 한 지원집단

그런 점에서 주변 사람들과 친밀한 관계를 맺는 일이 매우 중요하다. 인정(認定), 위로, 지지를 바탕으로 타인과 관계를 맺는 일은, 내향적인 아이에게는 쉽지 않을 수도 있지만, 모르는 친구에게도 관심이 많고 가깝게 지내고 싶어 하는 그들의 장점을 살리는 일이기도 하다. 특히 인정은 관계를 맺는 데 큰 영향을 끼치는 중요한 요인이다. 내향적인 아이일수록 부모나 형제자매에게, 또 학교에서 교사나 친구들에게 인정을 받게 되면 관계를 맺는 능력과 회복탄력성이 크게 발달할 가능성이 높다. 반면, 인정을 받지 못하거나 내향성으로 인해 오해를 받게 된다면 그 능력은 오히려 극도로 위축되어 움츠러들고 말 것이다.

따라서 부모는 내향적인 아이에 대한 가정에서의 확고한 지지 기반을 바탕으로 아이가 관계 맺기 등에서 자신의 장점을 극대화시킬 수 있도록 도와야 하며, 그렇게 관계를 맺은 이들을 각각의 영역에서 아이를 지원해 주는 지원집단(circles of support)으로 만들 수 있게 해주어야 한다. 지원집단은 그 실체를 아이가 눈으로 확인할 수 있게끔 하는 것이 중요한데, 아이가 자신감을 잃고 움츠러들 때마다 그곳에서 지원받을 수 있는 사람을 알고 있다면 아이에게 큰 도움이 될 수 있다. 이처럼 타인에게 도움을 청하는 것도 당연한 권리이자 능력이라는 것을 아이에게 인지시켜야 한다.

다음 〈워크시트 5〉는 지원집단에 관한 것이다. 신뢰를 높이고 관계를 쌓는 방법으로 아이와 함께 워크시트를 완성해보자.

지원집단

아이가 시간을 보내는 장소를 적고 그곳에서 믿고 의지할 수 있는 사람들의 예를 몇 가지 들어놓았다. 나머지는 직접 채워보자.

장소	사람
집	엄마, 아빠, 언니, 형
학교	
학원	
종교활동장소	

아이가 활동하는 장소에서 필요할 때 믿을 수 있는 '지원집단'을 아이와 함께 만들어보자. 내향적인 아이에게는 자기편이 되어주고 자신을 이해해 줄 사람이 누구인지 알고 있는 것이 중요하다.

감정의 처리 시간만큼이나 더딘 회복 시간

회복탄력성과 관련해 내향적인 아이들에게 가장 까다로운 측면은 감정적 민감성인데, 상황에 대한 아이의 감정반응 및 회복의 정도에 대한 수준과 관계가 있는 이것은 내향적인 아이들이 혼자 감당하고 조절하기 어려운 영역이다. 그들은 상처를 입거나 낙심을 하면 그것에 대해 오랫동안 생각한다. 또한 대체로 또래의 외향적인 아이에 비해 스트레스 반응이 폭발하기까지 더 오랜 시간이 걸리며, 불안에 잠겼던 시간이나 받은 스트레스 수준과 비교해 그 폭발력의 강도가 훨씬 세다.

여기서 우리가 유의해야 할 것은 내향적인 아이는 감정의 처리 시간만큼이나 회복 시간도 더디다는 점이다. 이 부분은 뇌의 화학 작용과 관계가 있다. 많은 일들을 내면에서 혼자 처리하는 그들의 특성상 다시 차분한 상태로 돌아온 것처럼 보여도 원래대로 회복하지 못한 경우일 때가 많으며, 이런 상황에서는 사소한 자극에도 감정이 다시 폭발하고, 그렇게 되면 마음의 균형을 되찾기까지 전보다 훨씬 더 오랜 시간이 걸리게 된다.

충분한 수면과 적당한 운동, 균형 잡힌 식단

이처럼 내향적인 자녀가 자신의 감정반응을 자제하고 안정시키려는 모습이 보이면 부모가 적극적으로 도움을 주어야 한다. 가장 좋은 방법은 어릴 때부터 건강한 습관을 가르치고 지지하는 것으로, 아이로 하여금 감정을 조절하고 유지하게 하는 데는 먼저 충분한 수면과 적당한 운동이 필수적이다. 균형 잡힌 식단으로 영양을 골고루 섭취하는 것이 기본 중의 기본이며, 육류나 인스턴트 식품을 과다하게 섭취하는 것은 생물학적으로 아이의 감정 조절에 결코 바람직하지 못할 뿐만 아니라, 다혈질적이고 조급한 성격을 갖게 되는 등 역효과를 불러일으킬 수 있다.

〈표 5〉에는 내향적인 아이에게 필요한 건강 습관이 간단하게 설명되어 있다. 이러한 내용을 아이에게 알려주고 실천하게 하면 아이가 회복탄력성을 발달시키는 데 도움이 된다.

〈표5〉 내향적인 아이들을 위한 건강 습관

다음은 건강하고 균형 잡힌 생활양식을 위해 꼭 필요한 습관들을 정리한 것이다. 꼭 아이에게만 해당되는 것이 아니므로 먼저 자신은 어떤지 체크해 보는 것도 좋다. 나는 내 아이의 건강 습관들을 위해 어떤 노력을 기울이고 있는가?

습관	중요한 이유	고려사항
적당한 휴식	내향적인 아이는 에너지 재충전을 위해 충분한 수면이 필요하다. 하루에 최소 8시간 수면을 지켜야 뇌가 제대로 기능하고 기분이 안정된다.	잠자리에서는 주변의 전자제품을 모두 끄고 가장 쾌적한 상태에서 잠을 잘 수 있도록 한다.

건강한 식습관	단백질이 풍부한 음식을 조금씩 여러 번 나눠 먹는 것이 좋다. 그런 방식으로 단백질을 섭취하면 에너지의 균형을 맞출 뿐만 아니라 에너지 고갈을 막는 데 도움이 된다.	내향적인 사람은 기운이 떨어지면 자연스럽게 단당류와 정제 음식을 찾게 되는데, 이런 음식은 에너지를 더 빨리 소모시킬 수 있으므로 피해야 한다.
규칙적인 운동	머리를 쓰는 생활을 주로 하는 내향적인 사람들은 육체적인 활동을 뒤로 미루기 쉬운데, 매일 조금씩 운동을 하면 에너지 재충전 및 스트레스를 줄이는 데도 도움이 된다.	운동은 종류에 상관없이 모두 좋다. 단, 늦은 밤에 하면 수면 장애가 생길 수 있으므로 주의한다.
긴장 완화와 교제	내향적인 사람이 안정적인 상태에 이르려면 혼자 있는 시간과 교제시간이 균형을 이루어야 한다. 아이에게도 스트레스 해소와 재충전은 물론 친구와의 친교시간도 갖게 한다.	아이가 모든 사회적 접촉을 피하거나 초조해하면 아이의 스트레스 수준을 점검한다. 스트레스와 관련하여 에너지가 고갈되었을 가능성이 높다. 그럴 때는 긴장을 풀고 재충전할 수 있도록 잠깐 쉬게 한다.

아이가 회복탄력성을 키우는 데 부모만큼 큰 역할을 해야 하는 사람은 없다. 자기효능감을 높이는 방법을 가르치고, 자율성을 발달시키고, 아이를 지원해 주는 사람들과 관계를 맺고, 감정반응을 관리하는 것 모두 그것의 일환이다.

회복탄력성을 기르는
교실환경 조성하기

회복탄력성을 기르는 데 있어 아이에게 가정만큼 중요한 곳이 바로 학교이다. 그중에서도 교사가 교실을 어떻게 운영하느냐에 따라 아이의 회복탄력성이 크게 달라진다.

회복탄력성 발달에 꼭 필요한 자율성과 지배력을 키워주기 위해서는 수업활동에서 학생에게 선택권을 주는 것이 좋은데, 교사가 정한 한도 내에서 자리 배치나 모둠활동, 상벌의 선택권을 학생들에게 주면 내향적인 아이도 회복탄력성을 높이면서 자기 주변에 대해 어느 정도 지배력을 행사할 수 있게 된다. 뿐만 아니라 결과만을 중시하는 시험이 아니라 과정과 절차에도 초점을 맞추는 등 성적에 대한 '안전장치'를 해놓으면 자기효능감이 더 잘 발달해 회복탄력성도 전반적으로 높아진다. 또 생각이 비슷한 친구들과 의미 있게 협력할 기회를 주는 것은 내향적인 학생이 자연스럽게 사회적 관계를 맺게 됨으로써 회복탄력성을 높이는 유익한 방법이 될 수 있다.

교사들은 또한 학교 환경 안에서 학생들에게 감정 조절 방법을 가르칠 수 있다. 많은 학교에서 행동중재(行動仲裁, 직접 또는 환경을 변화시켜 행동에 영향을 끼치는 것을 말함. 심리치료 등이 이에 속한다)를 실시하고 있는데, 이는 감정반응에 대한 회복 영역의 능력을 키우는 데 일조한다. 기대 행동이 무엇인지, 충동적으로 일어나는 부정적인 감정에 적절하게 반응하는 법은 무엇인지, 자기 행동을 조절하려면 어떻게 해야 하는지를 가르치는 것도 교실환경에서 회복탄력성을 발달시키는 데 효과적이다. 특히 내향적인 학생에게 이 영역에 대한 자기주도교육은 자기대화 및 내적 조절을 추구하는 그들의 본성과 통하는 매우 좋은 방법이다.

회복탄력성에 관하여

아이가 자아감을 강화하고 자기감정을 조절하며 다른 사람과 튼튼한 관계를 맺을 수 있도록 하면, 인생의 굴곡에 적응하는 능력이자 좌절을 극복하는 능력인 회복탄력성을 충분히 발달시킬 수 있다. 다음은 최근에 있었던 부모들을 위한 강의에서 나온 질문들로, 자녀의 회복탄력성 발달을 돕는 문제에 대해 그들이 얼마나 압박감을 느끼는지를 잘 알 수 있다.

Q 제가 부모로서 저지르는 실수가 우리 아이들을 평생 망치게 만들 수도 있을까요?

A 부모들의 걱정거리 중에 제가 가장 많이 받는 질문입니다. 부모는 자신들의 결정이 어떻게든 자녀에게 돌이킬 수 없는 해를 미칠지 모른다는 두려움을 갖고 있죠. 사실 어느 부모나 자녀의 감정적 행복에 약간씩은 해를 끼칩니다. 하지만 그것은 모든 부부가 배우자를 감정적으로 약간씩 괴롭히는 것과 마찬가지입니다. 부모가 자녀에 대해 모든 것을 알게 된다면 완벽한 부모가 될 수 있겠지만, 불행히도 우리는 그럴 수도 없을 뿐더러 그럴 필요도 없습니다. 만약 그렇게 된다면 우리는 부모 자신이나 아이에 대한 여러 가지 사실에 대해 화가 나서 살아가기가 어려울지도 모릅니다. 완벽한 부

모가 될 수 없다는 사실을 빨리 인정할수록 부모는 죄책감과 압박감에서 빨리 벗어날 수 있고, 자녀의 요구를 주의 깊게 의식하는 부모가 되기 위해 노력할 수 있으며, 분별 있는 태도로 상황을 더욱 분명하게 보면서 아이를 돕는 멘토로서의 역할을 다할 수 있습니다. 죄책감을 빨리 떨쳐버리고 그 상황에서 최선의 부모 역할을 하는 데 집중하시면 됩니다.

〈질문〉

우리 아이의 회복탄력성 수준은?

1. 우리 아이는 자신을 이해하고 지지해 주는 가까운 친구가 한두 명 있다.

   ▫ 그렇다   ▫ 아니다

2. 우리 아이는 일반적인 사교 문제나 갈등을 해결하는 데 필요한 문제해결능력이 있다.

   ▫ 그렇다   ▫ 아니다

3. 우리 아이는 힘든 일이 있을 때 누구에게 자기편을 들어달라고 해야 하는지 알고 있다.

   ▫ 그렇다   ▫ 아니다

4. 우리 아이는 자신의 미래에 대해 대체로 낙관적이다.

   ▫ 그렇다   ▫ 아니다

5. 우리 아이는 자기감정을 조절하고 좌절에서 회복할 수 있다.

   ▫ 그렇다   ▫ 아니다

Q 내향적인 아이의 회복탄력성을 알려주는 지표가 있나요?

A 회복탄력성에는 관계된 특성이 세 가지 있습니다. 환경에 대한 자율성이 있다는 믿음, 의미 있는 관계를 맺는 능력, 자기감정에 대한 지배력이 그것입니다. 따라서 자녀가 이런 특성들을 가지고 있는지 없는지를 체크해 보면 그 발달 정도를 알 수가 있습니다. 앞의 질문을 이용해 자녀의 회복탄력성을 생각해 보고 강점과 약점을 평가해 약점을 보완하는 데 초점을 맞추세요.

Q 내향적인 아이의 회복탄력성을 높여주는 기본은 무엇입니까?

A 회복탄력성은 주변 환경에서 안전하다고 느낄 때 발달합니다. 따라서 일상이 예상 가능하고 부모의 반응을 예측할 수 있는 가정환경에서 안전함을 느끼는 내향적인 아이들에겐 그런 환경이 조성되면 회복탄력성을 자연스럽게 발달시킬 수 있을 것입니다. 그러나 인생이 항상 예상대로 또는 일상적으로 흘러가지는 않기 때문에 내향적인 자녀가 인생에서 불가피한 굴곡에 대비할 수 있도록 도와야 합니다. 저는 앞에 나온 〈표 5〉의 건강한 습관을 중심으로 해서 훌라후프 기법을 가르치고 연습시키면 아이는 회복탄력성의 기반을 튼튼하게 다져나갈 수 있을 것이라고 생각합니다. 자녀가 환경에 대한 자율성을 발달시키도록 돕는 것과 함께 자신의 기질을 조절하고 내향성을 이해하는 법을 가르치는 기본이 아이의 회복탄력성을 더욱 발달시키는 밑거름이 됩니다.

Ⓠ 내향적인 아이가 자신을 강하고 수줍어하지 않는 사람으로 인식하게 하려면 부모로서 어떻게 도와야 할까요?

Ⓐ '수줍음' 요인이군요. 내향적인 아이를 둔 많은 부모들이 아이가 스스로를 영원히 수줍어하는 사람이라고 생각할까 봐 걱정합니다. 그러나 앞에서도 말했지만 수줍음은 사실상 기질과는 거의 무관합니다. 세상과 상호작용하는 법과 관련하여 내향적인 사람에게서 더 흔히 나타나는 것은 사실이지만, 수줍음은 내향성을 규정하는 특징이 아닙니다. 그럼에도 내향적인 아이가 자신의 수줍음을 극복하게 하려면 자율성 확립과 동시에 자신의 기질인 내향성의 특성을 알게 해야 합니다. 자녀가 내향성이라는 말의 의미를 더 잘 알수록 자기가 가진 많은 장점을 더욱 발달시키면서 '외향적이 되어야 한다'는 사회규범에 더욱 강하게 맞설 수 있습니다. 이 말은 필요할 때조차 '외향적인 사람인 척'하는 법을 배우지 말아야 한다는 뜻은 아닙니다. 좀 더 개방적이고 외향적인 태도가 중요할 때도 간혹 있기 때문입니다.

Ⓠ 회복탄력성이 학습에 영향을 주기도 하나요? 준다면 어떤 영향을 줄 수 있나요?

Ⓐ 그렇습니다. 회복탄력성은 아이의 학습능력에 분명히 영향을 줍니다. 학습에는 본래 새로운 지식이 제시될 때마다 그것을 배운 학습자가 그 지식을 완전히 소화했음을 보여주어야 한다는 전제가

깔려 있는데, 이 같은 어려움을 감수하고라도 배우려는 의지는 회복탄력성과 관계가 있습니다. 따라서 회복탄력성 및 학습과 관련되어 있는 자기효능감, 문제해결능력, 적응능력을 발달시키지 못하면 학습은 고민거리가 되고 마는 것이지요. 만약 그런 상황이라면 교사가 어떻게 해야 할까요? 바로 내향적인 학생을 포함하여 모든 학생에게 학습에 따르는 위험, 즉 배운 것들을 완벽하게 소화하지 못할 수도 있다는 사실을 받아들일 수 있도록 가르쳐야 합니다. 덧붙여 시험 성적으로만 엄격하게 측정하는 관행을 버리고 학습과정도 평가에 반영하면서 내향적인 아이들의 장점인 창의적인 문제해결능력과 독창적인 사고를 더욱 발달시킬 수 있도록 도와주면 아이들의 학습능력이 일취월장하게 될 것입니다.

SUMMARY

- 회복탄력성의 특성으로는 환경에 대한 자율성, 타인과 의미 있는 관계를 맺는 능력, 적절한 감정 조절이 있다.
- 회복탄력성을 발달시킨다는 것은 이런 특성을 강화시킨다는 뜻이다.
- 내향적인 아이는 회복탄력성 영역의 일부 또는 전체에서 힘들어할 수 있다.
- 내향적인 아이가 본성에 기인하여 회복탄력성 영역에서 어려워할지라도 내향성의 많은 특성은 강한 회복탄력성과 상호관계를 가지고 있다.
- 부모의 양육 스타일은 아이의 회복탄력성 발달에 큰 영향을 끼친다.

튼튼한 지지기반, 집

"누나 때문에 미치겠어요. 만날 이야기만 하고 싶어 해요."

● 케일럽(14세)

　　가족 중 내향적인 아이와 외향적인 아이가 있고 부모 두 사람
이 기질이 다를 때 내향적인 아이를 가장 잘 이해하는 사람은 내향
성 기질의 부모이다. 하지만 거기에는 잠재적인 함정이 도사리고
있는 것도 엄연한 사실이다. 여러 가지 일들을 능숙하게 잘 처리해
야만 하는 요즘의 부모들은 에너지 재충전에 필요한 휴식시간을 얻
지 못해 안절부절못할 수도 있으며, 간혹 에너지가 모두 방전될 수
도 있기 때문이다.

　　반면, 외향적인 부모는 사회적으로 북적대는 작금의 양육환경
에 맞게 준비가 더 잘 되어 있기는 하나 내향적인 아이나 배우자의

요구를 이해하지 못하는 경우가 종종 있다. 일반적으로 분주한 생활을 즐기는 그들은 매 순간 여행이나 소풍 등의 계획을 세우는데, 그것이 내향적인 가족 구성원에게는 큰 압박감을 줄 수도 있다는 사실을 깨닫지 못한다. 실제로 필자가 어릴 때 우리 가족은 하와이에 살며 서너 달에 한 번씩 미국 본토를 여행했는데, 여행계획을 무척이나 촘촘히 짰던 아버지는, 하루 정도는 편히 쉬며 보내고 싶다는 엄마와 나의 요구를 모른 체했다.

기질로 인한 가족 간의 어려움

외향적인 부모는 흔히 내향적인 배우자나 아이의 행동에 대해 오해를 하는 경우가 있다. 배우자나 아이가 바쁜 하루를 보낸 후 침실이나 자기만의 공간에서 쉬고 싶다고 하면 마치 자신이 버림받았다고 생각하거나, 재충전이 필요한 아이를 특이하게 여기면서 걱정하는 눈빛을 보내기도 하는 것이다. 심하면 내향적인 가족의 사색을 어리석은 행동으로 치부하는 경향이 나타나기도 한다.

형제자매간에 두 기질이 섞여 있는 경우 역시 어려움을 겪게 되는 건 마찬가지다. 형제자매가 모두 내향적인 경우는 서로를 묵인하긴 하지만 지나치리만큼 혼자 있으려 하면서 너무 자주 자기 공간으로만 틀어박히는 꼴을 보게 될 수 있다. 특히 내향적인 형제자매 둘 다 매우 혼란스러운 한 주를 보냈다면 그 주말은 서로에게 지나치게 무뚝뚝해질 수도 있다. 가족 모두가 내향적인 가정의 금요일 밤을 생각해 보자. 모든 가족이 각자의 공간에 틀어박혀 서로를 무시하거나 에너지 고갈로 인한 욕구불만 상태가 되어 사소한 일에도 서로에게 화를 내는 일이 벌어질 수도 있지 않을까?

또 형제자매간 두 기질이 섞여 있는 경우, 외향적인 형제자매는 외향적인 부모와 비슷하게 내향적인 형제자매나 부모를 오해하는 문제가 생길 수 있다. 즉, 내향적인 가족이 휴식이 필요하다고 말하면 자신이 버림받았다고 생각하는 것이다. 더욱이 그들은 모든 행동을 외향적인 기질의 관점에서 보기 때문에 내향적인 형제자매나 부모와 관계가 서먹해질 수도 있다.

따라서 부모는 기질이 섞인 가족 사이를 조율하면서 가족 간 유대를 강화시킬 수 있어야 한다. 필자의 가족은 모두가 내향적이고 큰딸 하나만 외향적이다. 딸아이는 온 가족이 모여 웃고 떠들기를 바라는 반면, 다른 가족들은 모두 평화롭고 조용한 시간을 원했기 때문에 딸아이의 집에서의 생활이 참 힘들어 보였다. 필자는 딸아이의 욕구에 부응하기 위해 퇴근 후 동네 카페에서 차를 마시며 20분 정도 긴장을 푸는 것으로 매일 나를 위한 '변화' 시간을 갖기 시작했다. 그것은 집에 도착하자마자 나에게 달려와 하루 동안 있었던 일을 이야기하며 나와 교제하는 시간을 원하는 딸아이에 대한 마음의 준비 시간이었다.

요즘은 스트레스가 너무 많은 세상이어서 유대가 아주 강한 가족까지도 힘들어하는 경우가 있다. 가장의 갑작스런 실직 등으로 인한 가정경제의 파탄, 생활고에 따른 이혼의 증가, 그로 인한 가족의 해체 등 부모와 아이들에게 좌절과 불안을 주는 일이 비일비재하게 일어나는데, 이는 특히 내향적인 아이에게는 감당하기 어려운 부정적인 영향을 끼칠 가능성이 높다. 때문에 부모는 부딪힐 수밖에 없는 극심한 스트레스를 감내하면서도 내향적인 아이가 어느 정도 평화를 찾도록 도와야 한다. 그것은 아이 스스로 스트레스로 인해 어떤 영향을 받고 있는지, 그리고 그것을 어떻게 해소할 수 있는지를 알게 하는 것에서부터 시작된다.

내향적인 아이와 스트레스

스트레스의 가장 일반적인 정의는 '주위의 요구에 대한 신체 · 정신 · 감정적 반응이 신체의 긴장 형태로 나타나는 것'이다. 스트레스 반응을 일으키는 자극은 부정적인 사건(부모나 친구와의 다툼, 가정의 붕괴 등)이나 긍정적인 사건(무용 발표회, 학교 졸업 등)뿐만 아니라 과격한 비디오 게임, 액션 영화 관람 등 소소한 일상 속에서도 일어날 수 있다. 또한 자극이 부정적이든 긍정적이든 중간적이든 상관없이 스트레스 반응은 기본적으로 똑같다. 그리고 기질 역시 그 반응의 정도에 영향을 미친다.

고정배선이 도파민을 분비하면서 싸움 혹은 도주 반응 시스템을 더 많이 이용하도록 되어 있는 외향적인 아이는, 스트레스가 많은 상태에서도 아드레날린이 마구 분비될 때처럼 심장박동이 빨라지며 손바닥에 땀이 차고 근육이 긴장되는 느낌을 받는데, 그들은 언제나 '스탠바이'가 된 상태를 좋아하고 그런 쾌감을 줄 수 있는 활동을 찾아 하면서 스트레스에 대한 반응 정도를 쉽게 떨어뜨리는 경향이 있다. 하지만 에너지가 바닥난 상황이라면 그들 또한 스트레스 반응을 처리할 수 없어 안 보이는 곳으로 숨어들거나 움츠러들기는 마찬가지다.

반면, 내향적인 사람은 선천적으로 충분히, 그리고 깊이 있게 생각하기 때문에 스트레스에 대한 반응을 처음부터 회피하거나 관심 없는 듯한 태도로 자기를 합리화시킴으로써 스트레스 사이클이 활성화되기까지 보다 더 오랜 시간이 걸리는데, 그러다가 때로는 자기도 모르는 사이에 큰 스트레스를 받으면 아무것도 하지 못하는 상태에 빠지게 되는 경우가 생긴다. 아주 작은 스트레스에도 기분이 언짢아지거나, 시험기간 중 느끼는 압박감만으로도 마음의 문을 닫고 움츠러들거나 지나치게 동요하는 그들에게 이혼이나 경제적 곤란 같은 중대한 문제는 엄청난 스트레스 반응을 일으킬 수밖에 없다. 또한 외향적인 사람들과 달리 스트레스를 피하기 위한 일이라면 무엇이든 하려는 그들은 정작 힘들 때는 스트레스가 신체에 미치는 영향에서 가장 빨리 벗어날 수 있는 운동을 피하는 경향이 있다.

훌라후프 기법과 이완법

스트레스의 원인이 가정 내부에 있든 외부에 있든 상관없이 부모는 내향적인 자녀가 스트레스를 스스로 해소할 수 있도록 하기 위해 다양한 방법을 통해 자녀를 도와야 하는데, 먼저 스트레스에 대한 자녀의 이야기를 귀담아 들어야 한다. 끊임없이 생각하는 내향적인 아이들은 스트레스의 원인을 각기 분리할 수는 있지만 자신의 감정을 항상 제대로 해석하지는 못한다. 그렇더라도 그 해석이 얼마나 정확한가와 관계없이 아이가 스트레스에 대한 자신의 생각을 안다면 감정을 조절할 수 있는 더 좋은 방법을 코칭할 때 어디부터 시작해야 하는지를 알 수 있기 때문이다.

다음으로는 앞에 소개했던 훌라후프 기법을 적용하는 것이 중요하다. 자신이 지배할 수 있는 것과 할 수 없는 것을 구별하는 이 기법을 통해 균형감을 얻고 난 후, 아이가 자신이 지배할 수 있는 것에 집중하고 그렇지 못한 것에서는 손을 떼는 법을 익힌다면 아주 좋은 스트레스 관리법이 될 것이다.

또 필요하다면 이완법도 집중적으로 가르치는 것이 좋다. 스트레스를 받을 때 조절하기 어려운 점은 인식능력에 생기는 변화로, 스트레스로 인해 감정이 소용돌이치기 시작하면 정보를 합리적으로 처리하기가 어려워진다. 혈류가 대뇌의 전두엽을 떠나 이동하기 때문에 논리적 사고와 문제해결능력이 떨어지게 되는 것이다. 이때 인식능력을 높이기 위해서는 감정의 이완이 필요하다.

내향적인 아이에게 효과가 좋은 이완법이 몇 가지 있는데, 그 중 네 가지를 〈TIP 7〉에 소개해 놓았다. 본성에 기인하여 사고와 자기 대화에 많이 의존하는 내향적인 아이에게는 이처럼 특정한 이완법이 효과가 있으므로 전부 가르치는 것이 좋다.

내향적인 아이들은 이완법을 배우는 것 외에 자신이 지금 이완

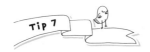

이완법

다음은 긴장을 푸는 데 아주 좋은 방법들이다. 긴장을 풀어야겠다는 생각과 마음을 가라앉힐 잠깐 동안의 시간만 있으면 된다.

● 심호흡 : 천천히, 그리고 깊게 숨을 쉰다. 스트레스에 기인한 신체 증상이 '서서히 사라지는' 상상을 한다.

● 색상호흡 : 심호흡을 몇 차례 한다. 숨을 들이쉬면서 좋아하는 색을 상상한다. 필자는 파란색이나 분홍색을 생각하는데, 숨을 내쉴 때는 더러운 색을 상상한다. 이 것은 자기 몸에 있는 스트레스를 나타내는 색이다. 상상 속에서 들이쉬는 색과 내쉬는 색이 같아질 때까지 심호흡을 천천히 계속한다.

● 상상여행 : 좋아하는 장소를 떠올린다. 모습과 느낌, 냄새 등 그곳에 대한 모든 것을 상상한다. 생생하게 상상할수록 좋다.

● 상상연습 : 시험 또는 발표 등 중요한 행사를 앞두고 있을 때 특히 도움이 되는 방법이다. 활동의 각 단계를 성공하는 상상을 한다. 예를 들어, 피아노 연주회를 준비하고 있다면 연주회 준비, 무대 등장, 피아노 의자에 앉기, 머릿속으로 연주할 음악 떠올리기, 피아노 연주하기를 단계별로 상상한다.

되었는지를 이야기하는 법도 배워야 한다. 필자는 아이들에게 지금 이완되었느냐고 자주 물어본다. 그 이유는 스트레스 사이클에 들어가 있는 아이들이 약간 비틀린 내면상태를 스스로 평가할 수 있는지를 알아보기 위해서다. 〈워크시트 6〉은 아이들이 자신의 스트레스 사이클과 반응조절 방법을 배우면서 스스로 어떤 질문을 해야 하는지를 익힐 때 도움이 된다. 이완법과 〈워크시트 6〉을 적당한 크기의 종이에 적어 코팅해서 자녀가 지갑이나 가방에 넣어 다니게 해도 좋은데, 그 카드가 있으면 부모나 다른 사람으로부터 그에 관한 잔소리를 듣지 않고 스스로 관리할 수 있게 된다.

지금 나는 이완되었는가?

각 문항을 읽고 그것에 대한 의견을 결정한다.

	그렇다	아니다	어느 쪽도 아니다
1. 내 몸은 긴장된 부분 없이 이완되어 있다.			
2. 내 마음은 긴장이 풀려 있고 집중하고 있다.			
3. 격렬한 감정이 느껴지지 않고 차분하다.			
4. 나는 자신 있게 앞으로 나아갈 준비가 되어 있다.			

어떤가? 긴장이 완전히 풀려 있는가? 긴장을 풀기 위해 앞에서 설명한 이완법을 사용했는가? 어느 방법을 사용했는가? 효과가 있었는가? 효과가 없었다면 다른 방법을 시도해 보았는가?

아이의 행동 폭발에 대한 대처

그러나 스트레스가 너무 심해 해소할 수 없는 상태가 되면 심각한 행동폭발이 일어나 부모와 아이가 서로 고함을 지르고 싸우면서 갈등을 겪기도 한다. 사교적이고 외향적인 아이들은 물론이고 내향적인 아이들도 이런 행동을 할 수 있는데, 스트레스에 짓눌린 채 에너지를 재충전하거나 긴장을 풀 시간이 없으면 더욱 그렇다. 이때 내향적인 아이는 고집스러워질 뿐만 아니라 고함, 건방진 말대꾸, 나아가 일탈 행동 등 타인 앞이나 학교에서는 절대 하지 못할 호전적인 행동이 가정이라는 '안전구역'에서 갑자기 튀어나올 가능성이 높다. 만약 부모마저 내향성 기질로 재충전 시간을 거의 갖지 못한 채 피로한 상태라면 커다란 문제로 비화되는 것은 불 보듯 뻔한 일이다.

행동폭발에 대비하는 방법은 그 같은 행동을 보이기 전에 에너지를 재충전하고 긴장 푸는 법을 가르쳐 예방하는 것이 최선이지만, 이미 폭발이 일어났다고 해서 전혀 방법이 없는 것은 아니다. 그 해결의 시작은 부모가 그 상황에 휘말리지 않는 것에 있다. 예를 들어, 아이가 부모에게 아주 불손하게 굴었더라도 거기에 초점을 맞춰서는 안 된다. 그래야만 부모는 자신의 스트레스를 폭발시키지 않으면서 아이가 맞닥뜨린 위기에 대해 객관적으로 판단할 수 있다.

간혹 아이가 부모를 무시하거나 부모의 권위에 도전했을 때 부모의 분노가 폭발하는 경우가 있다. 그럴 때는 부모와 아이 각자가 자신만의 시간을 보내는 것이 서로에게 도움이 되는데, 내향적인 아이를 대할 때는 특히 그렇다. 부모와 아이 모두 호흡을 가다듬고, 마음을 진정하고, 혈류를 다시 전두엽으로 보낼 시간이 필요하다. 〈TIP 8〉에 위기 상황에서 잠시 휴식을 갖기 위한 효과적인 방법이 제시되어 있다.

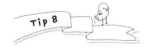

TIP 8   시간 보내기

- 심호흡을 몇 차례 한다.
- 마음의 속삭임을 조용히 시킨다.
- 다른 것은 모두 잊고 한 가지에만 집중한다. 이를테면 호흡에만 집중한다.
- 자기감정을 다시 조절하기 위해 잠시 동안의 휴식시간을 가진다.

일단 부모가 진정하고 명료하게 생각할 수 있게 되면 먼저 주위가 안전한지 둘러본 다음 흥분한 아이를 혼자 둔다. 부모에게 무슨 말을 하든지 아이를 그냥 놓아두고 떨어지는 것이다. 그렇게 상황을 진정시킨 후에 다시 관여하는 것이 좋다. 이 방법은 부모들이 실천하기 어려운 일일 테지만, 그렇더라도 아이가 폭발할 때 부모가 거기에 휘말려서 얻을 수 있는 것은 아무것도 없다. 또한 그 시간은 몇 분, 몇 시간 또는 더 길어질 수도 있다.

〈표6〉 행동폭발에 대처하는 방법

행동 관련 위기단계	조치	목표
위기 전 단계	자녀에게 감정 조절 방법을 가르친다. 자녀의 스트레스가 단계적으로 확대되는 경고신호를 알아둔다. 이완법을 가르친다.	스트레스가 단계적으로 확대되지 않도록 예방한다.
위기 단계	위기 상황에서 자녀와 감정적으로 떨어진다. 냉정을 유지한다. 안전에 유의한다. 사소한 문제는 신경 쓰지 않는다.	문제 행동을 안전하게 처리하고 위기를 가능한 한 빨리 잠재운다.
위기 후 단계	위기에 대한 이야기는 모두 진정하고 위기가 지나간 후에 한다. 감정 조절 방법을 자녀와 함께 검토한다.	위기를 교육의 기회로 삼아 장차 문제를 예방할 수 있는 행동계획을 세운다.

　〈표 6〉에 행동폭발이 일어났을 때 단계별로 대처하는 법을 보기 쉽게 설명해 놓았다. 하지만 무엇보다도 중요한 것은 행동폭발이 발생하지 않도록 예방하는 일이다.

　교육과 관련하여 '마을이 학교다'라는 말을 들어본 적이 있을 것이다. 이때 '마을'은 그냥 마을이 아니라 튼튼한 마을을 지칭하는 말로, 가정과 세상의 다양함 속에서 아이들이 모두의 요구를 포용하며 균형 잡는 법을 더 많이 터득하게 된다면 세상은 더욱 좋아질 것이다.

내향적인 아이들과
PBIS 모델

행동 문제는 가정에서만 일어나는 것이 아니라 학교에서도 나타난다. 그러나 학교에서 행동 문제를 보이는 학생은 주로 외향적인 아이이기 때문에 긍정적 행동간섭과 지원(PBIS, Positive Behavioral Interventions and Supports)이 그들 쪽으로 기울어 있는 게 사실이다. 실제로 문제 행동이 있을 때 사용하는 외적 보상 시스템, 새로운 역할 놀이 방법, 교사와 학생 간의 솔직한 의사소통 등은 모두 외향적인 아이에게 효과적인 것들이다. 그렇다면 내향적인 학생에게는 어떤 방법이 좋을까? 전통적인 PBIS 모델이 그들에게도 효과가 있을까?

그렇다. PBIS에는 위에 열거한 방법들 말고도 여러 상황에서 예상되는 사회적, 그리고 행동적 기대도 가르치고 있는데, 교실에서 PBIS 모델을 활용하려면 상황별로 기대 행동을 설정하는 데 초점을 맞추는 것에서부터 시작해야 한다. 그다음에는 그 기대를 충족하는 데 필요한 기술을 체계적으로 가르친 후, 그 기대에 따르는 학생에게는 보상을 준다. 아울러 행동 데이터를 활용하여 기대에 따르게 하기 위해 추가 지원이 필요한 학생이 누구인지 파악한다. 이를 통해 내향적인 학생이 다양한 상황에서 주어지는 행동 기대를 분명히 이해하고 결과에 대한 확실한 지침까지 알게 되면 그 마음이 편안해질 수 있다.

스트레스의 원인에 관하여

현대인은 스트레스로 넘치는 바쁜 세상에서 살아간다. 경제적인 문제뿐만 아니라 역동적으로 변화하는 가족 구조로 인해 예전에는 어른의 몫이던 여러 가지 스트레스를 요즘에는 아이들도 받고 있으며, 게다가 발표에 대한 압박, 행동에 대한 사회적 규범의 변화, 사회성 교육의 미진함 등으로 아이들이 더 큰 혼란을 겪고 스트레스에 빠질 가능성이 커졌다. 다음은 현대 사회에서 아이들이 일반적으로 겪는 스트레스에 대한 질문들이다.

Q 내향적인 아이들은 스트레스를 어떻게 표현하나요? 특히 아주 어릴 때는 어떻게 하나요?

A 앞에서도 설명했듯 내향적인 아이들은 감정을 안으로 숨기는 경향이 있습니다. 부모는 아이가 얼마나 스트레스를 받는지 알지 못하다가 폭발한 후에야 깨닫게 되는 경우가 많죠. 그렇긴 하지만 위기가 임박했음을 알려주는 조짐이 몇 가지 있는데, 다음과 같습니다.

- 잠을 편히 자지 못하는 수면 문제.
- 침잠시간의 증가.

- 경계심 확대.
- 단 음식 또는 고 탄수화물 음식 섭취 증가.
- 청각, 시각, 후각이 예민해짐.
- 현실을 제대로 인식하지 못하거나 타인의 도움을 받지 못함.

이 모든 현상은 내향적인 아이가 보통 이상의 스트레스를 받고 있을 가능성이 높다는 신호입니다. 스트레스 수준이 극에 달하면 아이는 주위의 요구에 대처할 수 없게 되므로 감정을 폭발시키고 맙니다.

바쁜 현대인의 가정에서 생기는 보통의 스트레스를 내향적인 우리 아이가 잘 처리하게 하려면 제가 어떻게 도와야 하나요?

현대의 가정은 과거 그 어느 때보다도 바쁘고 정신없습니다. 부모가 밤낮으로 일을 해야 겨우 먹고 살 수 있는 정도이고, 아이들은 학교, 학원, 예체능활동, 봉사활동 및 많은 일들을 해내야 합니다. 요즘 아이들에게는 가족과 함께 지내는 시간이 너무나 적습니다. 대부분의 가정이 그렇습니다. 내향적인 아이는 이 속에서 잘 지내고 있을까요? 단언컨대, '노(no)'입니다. 저는 내향적인 작은딸이 십대일 때 자기와 의미 있는 시간을 더 많이 보내달라고 부탁하던 일을 잊을 수가 없습니다. 그 아이에겐 휴식시간도 필요했지만 주변 사람들과 깊은 관계를 원하는 내향성의 특성상 엄마와의 교제도 필요했던 것이었습니다. 당시 저는 저만의 내향성 속에 빠져 글쓰기에만 몰두해 있었습니다. 우리 둘에게 필요한 것은 서로를 연결해 주는 약간의 시간뿐이었는데 말입니다. 내향적인 아이의 스트레스 해소를 도울 수 있는 그 밖의 방법을 〈TIP 9〉에 적어놓았습니다. 내향적인 자녀가 주위에 압도당해 스트레스를 받으면 이 방법들을 활용해 보시길 바랍니다.

내향적인 아이와 스트레스

- 적절한 음식 섭취, 수면, 운동 등 건강한 습관에 집중한다.
- 매일 긴장을 푸는 시간을 갖는다. 에너지를 너무 고갈시키지 않도록 한다.
- 자기 내면의 소리에 주의를 기울인다. 부정적인 자기와의 대화는 피하도록 한다.
- 자신이 처한 상황을 현실적으로 주의 깊게 인식하고 완벽주의를 조심한다.
- 특정 행사 때문에 특히 스트레스를 많이 받으면 마음속으로 그 행사를 잘 마무리하는 상상을 집중해서 한다.

Q 내향적인 우리 아이가 어딘가 '이상'할지도 모른다고 알려주는 경고신호는 무엇입니까?

A 부모님들을 만날 때마다 그 '이상'할지도 모른다고 알려주는 경고신호에 대한 질문을 늘 받습니다. 물론 아이가 심각한 문제로 치달을 수 있는 조짐을 미리 알아차리는 일은 중요합니다. 내향적인 아이가 스트레스를 받으면 앞에서 설명한 대로 스트레스 증상과 비

숫하면서도 그보다 훨씬 강도가 높은 반응을 보입니다. 흥분하고, 쉽게 화를 내고, 고집을 부리고, 좌절하지요. 그리고 도움을 거부하고, 융통성 있게 생각하지 못하고, 터지기만을 기다리는 시한폭탄처럼 행동하는데, 이때는 부모가 중간에 끼어들기 어려울 수가 있습니다. 내향적인 아이는 스트레스를 조절해 줄 어떤 것도 받아들이려 하지 않기 때문입니다. 그런데 제 생각에 그것은 바람직한 접근법이 아닌 것 같습니다. 사람은 항상 자기가 보고 싶은 대로만 봅니다. 아이에게서 '이상한' 무언가를 보길 기대하면 자연스럽게 그것이 보이게 됩니다. 저는 아이들의 '이상한' 모습 대신 우리 아이들 마음속에 있는 참된 모습을 보려고 하는 편입니다. 그것에 초점을 맞추면 아이의 행동이나 문제가 아닌 아이 그대로가 먼저 보일 뿐만 아니라 진심으로 다가갈 수 있고, 그 찾고 싶은 '이상한' 무언가가 생기지 않게 막을 수 있을 것입니다.

내향적인 우리 아이는 항상 불안해 보입니다. 우리 아이가 문제를 드러낼 가능성이 큰지, 그리고 제가 도울 방법이 있는지 알고 싶습니다.

이상하게 들릴지 모르지만 싸움 또는 도주반응에 대한 의존성으로 인해 외향적인 아이의 불안 수준은 내향적인 아이보다 더 높게 고정배선되어 있습니다. 하지만 같은 수준의 불안한 상태라면 내향적인 아이보다 외향적인 아이가 더 잘 지냅니다. 그 느낌을 좋아하기 때문입니다. 반면, 신경계에서 휴식을 담당하는 부분에 의존하는 내향적인 아이는 무언가에 의해 조금만 불안해도 그것에 압도당하는 것처럼 느낄 수 있습니다. 불안 문제를 드러낼 가능성은 낮은 대신 '보통'의 불안 상태에 압도될 가능성이 큰 것이죠. 이때 부모가 도와주는 방법은 앞에서 설명한 이완법을 가르치는 것입니다. 그것이, 앞으로 어떻게 펼쳐질지 모르는 인생에서 맞닥뜨릴 스트레스를, 아이로 하여금 평생 관리하는 방법을 익히게 하는 비결입니다.

제가 가르치는 학생 가운데 일부에게는 스트레스를 많이 받는 환경이 학교가 될 수 있습니다. 내향적인 학생들이 스트레스를 스스로 해소하게 하려면 제가 어떻게 해야 하나요?

성적과 관련된 스트레스는 모든 아이에게 큰 장애가 될 수 있습니다. 앞에서 말한 일반적인 방법 외에 교사는 학습 난이도를 표준에 맞추고, 시험 대비 작전 등을 통해 시험에 대한 불안을 관리하는 법을 가르치면 내향적인 학생들에게 큰 도움이 될 수 있습니다. 이 방법들은 3장에서 좀 더 자세히 살펴보기로 하겠습니다.

- 부모가 내향적인 자녀에게 어떤 반응을 보이느냐는 부모의 기질에 따라 다르다.

- 형제자매끼리 서로에게 보이는 반응은 본인의 기질에 따라 다르다.

- 환경에서 오는 스트레스는 가족의 기능에 영향을 미칠 수 있다.

- 내향적인 사람이 스트레스를 받으면 침잠하고 좌절하다가 결국 행동폭발을 일으킨다.

- 부모는 내향적인 자녀에게 스트레스 관리법을 가르쳐야 한다.

- 행동폭발이 일어나면 화가 가라앉을 때까지 부모가 휘말리지 않는 것이 더 효과적이다.

- PBIS 모델은 외향적인 사람과 내향적인 사람의 필요를 모두 충족시킨다.

내향적인 기질과 외향적인 기질의
가정 내에서의 충돌

내향적인 아이와 외향적인 아이가 섞여 있는 가정에서 기질의 차이로 인해 형제자매간에 치열한 다툼이 벌어지는 것은 두말할 나위도 없다. 다음에 소개하는 사례는 몇 년 전 양육에 관한 워크숍에서 있었던 대화를 정리한 것으로, 엄마인 캐서린은 재택근무를 하고, 아빠인 대니얼은 두 시간 이상 걸리는 직장으로 매일 출퇴근을 한다. 자녀로는 두 딸이 있는데, 각각 여덟 살과 열두 살이다. 캐서린은 자신과 둘째 딸이 내향적이고 대니얼과 첫째 딸은 외향적이라고 알고 있었다. 워크숍에서 가족과 주고받은 질문과 답변을 통해 이 가정이 두 기질의 요구를 어떻게 처리하는지 살펴보자.

집에서 일반적으로 보내는 저녁시간은 어떻습니까?

캐서린 가족들은 대부분 저녁시간에 운동이나 댄스 및 다른 여러 가지 활동을 해요. 저는 활동장소로 이동하느라 운전하며 시간을 보내죠. 보통 저녁 일곱 시경에는 집으로 돌아와 여덟 시까지 딸아이들에게 숙제를 시키고, 늦어도 열 시에는 재우려고 해요.

대니얼 캐서린은 그전에 사라져요. 저녁마다 피곤해하죠. 방으로 들어가서 문을 닫고 TV를 봐요.

캐서린 난 피곤한 게 아니에요. 그저 조용히 있을 시간이 필요할 뿐이라고요. 하지만 항상 그럴 수 있는 건 아니에요. 밤이 되면 딸아이들이 서로 신경을 건드리기 시작하거든요. 말다툼도 많다 보니 대니얼과 나는 심판 노릇하느라 지쳐버려요. 두 아이가 방을 같이 쓰기 때문에 둘을 자기네 방으로 보내도 효과가 없을 때가 많아요. 매일 밤 겪는 아이들의 말다툼이 정말 지긋지긋해요. 하지만 대니얼과 나는 이 문제를 어떻게 해결해야 할지 모르겠어요.

기질 때문에 발생한다고 여겨지는 문제가 있습니까?

대니얼 여기 워크숍에서 내향성과 외향성에 대해 알고 보니 둘의 말다툼이 기질과 많은 관계가 있는 것 같아요. 또 캐서린과 나도 아이들을 대하는 방법에 대해 서로 뜻이 맞지 않을 때가 많아요. 캐서린은 작은딸이 주말에 친교활동을 전혀 안 해도 괜찮다고 생각해요. 하지만 나는 작은딸에게 친구가 더 많이 필요하다고 생각하죠.

작은딸이 큰딸처럼 활동적이었으면 좋겠어요.

　　캐서린　대니얼, 작은애가 밤새 전화기를 붙들고 있지 않다고 해서 그 아이에게 친구가 없는 건 아니에요. 보라고요. 이건 기질 문제의 또 다른 사례라고요. 대니얼과 나는 집에서 어떤 일이 생기는 원인에 대해 정말 생각이 달라요. 내 말은, 두 아이 사이에 생기는 다툼은 분명히 기질과 관계가 있다는 거예요.

　　거기에 대해 좀 더 자세히 말해 보세요. 어떻게 심해지죠?

　　캐서린　정말 심각해질 때가 있어요. 두 아이가 울고불고 난리도 아니죠. 이제 보니 방을 같이 쓰는 게 큰 문제인 것 같아요. 내향적인 아이는 혼자 있는 시간이 필요하고 외향적인 아이는 교제의 시간이 필요하다고 하셨죠? 그게 둘 사이에 생기는 많은 말다툼의 근본 원인인 것 같아요. 둘 다 서로 에너지를 재충전하려고 하는데, 그러기 위해선 필요한 게 서로 다르니 말이에요.

　　대니얼　둘이 방을 따로 쓰게 하면 좋을 것 같아요. 캐서린, 현재로서는 둘이 같은 방을 쓰는 게 효과가 없을 것 같지?

　　캐서린　그래요. 그게 좋을 것 같아요. 그리고 나한테도 약간의 휴식시간이 꼭 필요해요.

　　2주 동안 두 번의 워크숍에 더 참가한 캐서린과 대니얼에게, 두 딸에게 각자 방을 주고 워크숍에서 서로 이야기한 방법들을 실천해 본 후에 긍정적인 변화가 있었느냐고 물었다.

두 분은 에너지 재충전의 시간을 정하고 두 딸에게 각자 방을 주셨죠. 어떤 긍정적인 변화가 있었나요?

캐서린 확실히 나아졌어요! 방을 따로 쓰기 시작하면서부터 두 아이의 사이가 훨씬 좋아지고 있어요. 작은애가 오히려 언니와 함께 좀 더 시간을 보내려고 하는 것도 봤다니까요. 물론 여전히 다투기는 해요. 특히 모든 식구가 집에 도착한 직후에요. 하지만 점점 좋아지는 게 보여요.

대니얼 두 아이를 떼어놓은 것은 잘한 선택인 것 같아요. 큰딸이 좀 걱정되긴 하지만요. 캐서린이 큰딸과 보내는 시간이 충분하지 않거든요. 하지만 모든 식구가 서로의 기질을 이해하고 서로의 경계를 존중하려고 정말 노력하고 있어요.

캐서린 네, 모두 정말 노력하고 있어요.

다른 가정에 기질과 관련하여 조언을 해주신다면?

캐서린 먼저 가족 중에 누가 외향적이고 누가 내향적인지를 확인하세요. 모두의 기질을 이해하는 것이 정말 중요해요. 그다음에는 두 기질이 모두 편안해할 수 있는 방법을 찾으세요. 외향적인 가족에게는 교제방법을 찾아주고 내향적인 가족에게는 혼자만의 시간을 줄 방법을 찾아주세요. 모두 자신의 개성에 어울리는 에너지 재충전 기회를 얻을 수 있다면 가족 모두에게 도움이 될 거예요.

대니얼 네, 자기가 저녁에 혼자 있고 싶다고 해서 모두 그럴 것이라고 단정하지 마세요. 부부의 기질이 서로 다르다면 두 사람의 다른 욕구를 개인의 문제로 취급해서는 안 됩니다. 물론 이미 개인의 문제가 아니겠지만요. 또 새로운 것도 기꺼이 배우세요. 캐서린과 워크숍에 처음 참석하면서 저는 배울 것이 거의 없을 거라고 꽤 자신했어요. 좋은 부모라고 생각한 우리는 이런 강의를 듣는 것이 시간 낭비처럼 느껴졌거든요. 하지만 제가 틀렸어요. 저 자신과 서로에 대해 참 많이 배웠습니다. 그리고 우리 가족은 정말 많은 것을 얻었어요. 특히, 부모로서 아이들을 키울 때 그들의 다양한 기질을 이해해야 한다는 큰 틀의 개념을 배운 것은 행운이라고 생각합니다.

외향적인 사람과 내향적인 사람은 서로와의 관계에서 애를 먹을 수 있다. 특히 가족이라는 환경에서는 더욱 그렇다. 캐서린과 대니얼 부부, 그리고 그들의 두 자매를 통해 기질이 다른 가족의 한 단면을 살펴보았는데, 이들은 아주 간단한 한 가지 해결책만으로도 관계가 개선되는 모습을 보였다. 당신의 가족은 어떤가?

3

학교, 그리고
내향적인 아이들

학교는 외향적인 행동을 권장하는 사회의 축소판이라고 할 수 있다. 외향적인 학생의 학습방식에 적합한 시험, 혁신과 창의성보다는 경쟁과 협동이 교육의 시스템으로 자리 잡고 있는 현재의 학교는 내향적인 아이들에게 엄청난 도전이 장이 되어 버리고 말았다. 때문에 이 장에서는 학교에서의 내향적인 아이들을 살펴보면서 그들의 학습방법과 널리 퍼져 있는 그들에 대한 오해, 그리고 그들이 경쟁과 실패에 어떻게 대처해야 하는지에 대해 이야기하려 한다. 내향적인 아이와 학교에 대한 자신의 생각을 곰곰이 되새겨보길 바란다. 먼저 다음의 질문에 대답해보자.

　또 질문에 대한 자신의 답을 살펴보고 다음의 질문도 생각해보자. 아이의 학교생활에서 어떤 점이 변화하길 바라는가? 당신의 아이는 현재 자택학습, 자율형 학교, 혁신학교, 일반 공립학교, 대안학교 등 어떤 종류의 교육을 받고 있는가? 그중에서 내향적인 아이에게 더 유리한 학교가 있다고 생각하는가?

학습과 내향적인 아이에 대한 생각

1. 내향적인 우리 아이는 학교에 대해 ＿＿＿＿＿＿＿＿＿＿＿ 라고 생각한다 (문장을 완성하시오).

2. 우리 아이의 학교생활은＿＿＿＿＿＿＿＿＿＿＿이었던 것 같다(문장을 완 성하시오).

3. 나는 교사가 기질을 이해할 때 우리 아이의 기질을 고려한다고 생각한다.

　　▫ 그렇다　　▫ 아니다

4. 나는 우리 아이가 학교에서 지금보다 더 잘할 수 있다고 생각한다.

　　▫ 그렇다　　▫ 아니다

5. 나는 학교가 외향적인 아이들에게 더 잘 맞는다고 생각한다.

　　▫ 그렇다　　▫ 아니다

6. 위 질문에 그렇다고 대답한 경우, 내향성 기질의 아이가 학교에서 부딪히는 가 장 큰 어려움은 ＿＿＿＿＿＿＿＿＿ 라고 생각한다(문장을 완성하시오).

내향적인 아이들의
학습법

"선생님이 아이들 앞에서 나한테 질문해서 곤란하게 할 때가 정말 싫어요. 무슨 말을 해야 할지 진짜 모르겠어요." ●챈들러(15세)

교실은 우리 아이들의 생활에서 매우 중요한 역할을 하는 곳으로 단순히 읽기, 쓰기, 셈하기뿐만 아니라 훨씬 많은 것을 배우는 기초 사회화의 장(場) 중 하나이기도 하다. 인구의 약 75퍼센트가 외향성 기질을 가졌다는 래니의 조사에 기초하면 사회화의 장 중 하나인 학교에서도 내향성 학생과 외향성 학생의 비율을 1 : 3 정도로 보는 것이 타당할 것인데, 이 비율은 내향성 기질을 가진 학생들을 종종 오해 속에 빠뜨린다.

내향적인 아이들의 도우미

앞에서 설명했듯 내향성인 학생은 흔히 서로 다른 두 가지 모습을 보인다. 세상에 내보이는 가면(假面)과 그 가면 밑 참된 모습이 그것이다. 밖으로 보이는 가면은 내향성의 조용한 장점을 거의 인정해 주지 않는 사회에서 내향적인 아이들이 제 역할을 할 수 있게 도와주는 역할을 한다.

흔히 떠들썩하고 시각적인 자극이 매우 강한 교실은 수업이 시작되기도 전에 그들을 질리게 만들기에 충분한데, 가면은 그러한 모든 공공생활, 특히 교실에서 거의 늘 받을 수밖에 없는 감각적 자극의 충격을 완화해 주는 방어막 구실을 한다. 가면을 씀으로써 외향적인 학생과 오랜 시간을 함께 보내면서 생기는 감정적인 자극과 감각으로 인한 신체 자극으로부터 자신을 분리시키는 것이다.

하지만 안타깝게도 이 가면은 선생님이나 친구들에게 잘못된 인상을 심어주기도 한다. 그들로 하여금 내향성 기질의 학생들은 학습에 관심이 없다고 생각하게 만들거나, 학습동기가 없는 아이 또는 늘 혼자 있고 싶어 하는 아이로 여기게 만드는 것이다. 기실 내향적인 학생은 외향적인 학교 환경에 맞추면서 살아남을 방법을 찾으려 노력하며, 일반적으로 배우는 것을 즐거워하는데다가 수업 내용을 깊게 탐구할 줄 알고, 많은 외향적인 학생보다 깊이 있는 대화와 토론을 할 수 있는 능력을 지니고 있는데도 말이다.

그들은 생각을 깊게 하는 특성상 수업 중 대체로 처음에는 조용히 있다가 마지막에 깊이 이해하고 정리한 자기 생각을 내어놓는다. 이런 행동에 교사는 기분이 나쁠 수 있지만, 그것은 내향적인 아이들이 대화에 온전히 참여하기에 시간이 불충분하기 때문에 일어나는 현상일 뿐이다. 대학에서는 수업 내용과 관련하여 깊게 이해하고 그에 대한 의견을 내놓는 방식의 강의가 가능하지만 초등학교나 중학교, 고등학교 교실에서는 언감생심 어림도 없는 일이다. 그곳에서는 기계적인 학습과 자동성, 성적을 강조하는 방식의 손쉬운 방법으로 수업이 이루어지며, 시간이 정해진 시험을 치름으로써 학생을 수학적 계산과 철자 같은 영역에 숙달되게 하고, 단기 기억력을 늘리는 식으로만 교육이 이루어진다.

　　이에 대한 해결책은 균형 잡힌 이해력 측정을 통해 다양한 기질의 학생들이 각자에게 맞는 방식으로 교육받을 수 있도록 숙제나 평가의 방식을 다양화하는 것이다. 필자는 학생들이 단기 기억력에서 아는 것을 끄집어내어 정해진 시간 동안 시험을 보는 데 능숙해지는 것도 중요하지만, 지식을 새로운 상황에 응용하는 것 또한 똑같이 중요하다고 생각한다. 그리고 내향적인 학생은 그것을 더 효율적으로 할 수 있도록 고정배선되어 있다. 그들에게 수업 내용을 심화할 수 있는 기회를 준다면 학습환경에 충분히 잘 적응할 수 있으며, 학교라는 곳에서 훨씬 '편안함'과 '안전함'을 느끼게 될 것이다. 주어진 환경에서 높은 성취를 이뤄낼 수 있다는 말이다.

내향적인 아이들과 협력학습

현대 사회는 협력을 모든 사람들이 마땅히 가져야 할 자세라고 세뇌시킨다. 그런 면에서 "백짓장도 맞들면 낫다"는 속담은 오늘날 학교에서 부르짖는 표어가 아닌가 하는 느낌을 갖게 된다. 학생 두 명씩을 짝 지어 서로의 숙제를 수정하게 하거나, 모둠 단위의 프로젝트와 구두 발표를 일반적인 수업방식으로 삼는 현재의 학교가, 협력을 최고로 여기는 직장의 근무환경에 익숙해지도록 준비시키는 훈련기관처럼 생각되는 건 과연 필자뿐일까?

협력하는 방법을 배워야 한다는 점에는 필자도 전적으로 동의하지만, 그러기에 먼저 외향적인 학생과 내향적인 학생은 모둠활동에 대한 생각이 많이 다르다는 사실을 이해하는 것이 중요하다. 누스바움(Nussbaum)은 외향적인 학생은 반론 및 다른 관점을 제시하면서 수업 내용에 대해 활발하게 토론하는 반면, 모둠활동을 하는 방식이 보다 더 훨씬 협력적인 내향적인 학생은 견해의 차이를 좁히기 위한 해결책을 찾고 여러 가지 관점을 일치시키려 한다고 말했다. 때문에 모둠활동의 목적에 대한 교사의 관점에 따라 내향적인 학생은 그 기대를 만족시키지 못하는 것처럼 보일 수 있는 것이다. 게다가 모둠활동에서는 자주성을 키우지 못할 때도 있으나, 그것이 또한 혁신이나 심화학습으로 나아가는 유일한 방법은 아님을 알아야 한다. 실제로 내향적인 학생 가운데 다수는 모둠활동 때문에 고민을 하는데, 여러 명의 구성원 중에 외향성이 아주 강한 친구가 있을 때는 더욱 힘들어한다. 결과적으로 학습을 방해하는 꼴만 될 수도 있다는 말이다.

그렇다면 아이의 균형 잡힌 학습을 위해 부모가 어떻게 도울 수 있을까? 먼저 반드시 아이의 학습방법을 완전히 이해하고, 잘하는 분야와 힘들어하는 분야를 파악해야 할 뿐 아니라 늘 숙제를 할 수 있는 시간과 공간을 마련해 주어야 한다. 내향적인 기질의 아이는 체계적인 것을 좋아한다는 사실을 숙지하고, 숙제 시간에 대한 체계와 기대를 분명하게 하는 방식으로 아이가 공부에 관심을 갖도

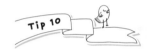

우리 아이의 내향성에 대해 선생님과 의논하기

- 모두가 우리 아이를 위해 일하고 있다고 가정하고, 선생님과 학교 직원을 존경한다는 말로 이야기를 시작한다.
- 우려되는 점을 분명하고 구체적으로 의논한다. 이때 감정적이 되지 않도록 노력한다.
- 혹시 선생님이 우려하는 점이 있는지 물어본다.
- 아이를 대상으로 가정과 학교에서 모두 꾸준히 할 수 있는 공통의 목표와 계획을 세운다.
- 아이의 발달상황을 검토할 시간을 의논한다.
- 서로 의견이 맞지 않으면 솔직하게, 그리고 아이의 욕구 충족에 초점을 맞추면서 의견이 일치할 때까지 상의한다.

록 격려함으로써 학교에서 이루어지는 학습을 집에서 자율적으로
보충할 수 있게 환경을 만든다.

아이가 힘들어하는 게 보이면 기질이 아이의 학습에 미치는 영
향을 선생님과 얘기하고, 성적에 관해 함께 의논하며, 우려되는 일
이 발생할 때 어떻게 대처해야 할지 계획을 세운다.

학습에 대한 실패와 내향적인 아이들

내향적인 아이의 학습에서 가장 문제의 소지가 큰 것은 실패에
대한 위험 부담과 완벽주의로, 위험을 감수하는 문제에서만큼은 외
향적인 학생이 훨씬 유리하다. 내향적인 학생은 실패를 힘들어할
뿐만 아니라 작은 일에도 창피해하는 특성상 실패를 성격상의 결함
내지 자신의 인간성을 위협하는 것으로까지 받아들인다. 그리고 그
것은 학습을 방해하는 또 하나의 장애가 되어 공부 자체를 거부해
버리는 빌미를 제공하기도 한다.

내향적인 아이로 하여금 실패의 두려움을 극복하게 하려면 위
험은 적고 성공 가능성은 큰 일부터 하게 함으로써 점진적으로 위
험을 감수할 수 있도록 해야 하는데, 성공하면 추가 위험을 기꺼이
받아들이려는 의지가 커지게 된다. 아이가 구구단을 배울 때 빨리
익힐 수 있는 단부터 차근차근 시작하는 것을 예로 들 수 있겠다.
또 다른 방법은 학습과정을 성적이 아닌 목표에 초점을 맞추는 것

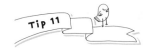

학업에서 위험 감수 권장하기

- 실제적인 문제해결기술을 가르치고 연습시킨다.
- 결과뿐만 아니라 과정에 대한 노력도 칭찬하고 강화하며 중요시 한다.
- 자진해서 새로운 것을 시도하도록 솔선수범한다.
- 학업의 위험에 관해 아이에게 다음의 질문을 한다.
    - 그 과제를 시도하고 위험을 감수해도 괜찮은가?
    - 무엇이 두려운가?
    - 일어날 수 있는 최악의 상황은 무엇인가?

이다. 우리는 학습내용의 완전한 이해와 최종 결과를 강조하는 문화에서 살아간다. 물론 그것도 중요하기는 하지만 학업 면에서 적절한 위험 감수를 가르치고 완벽주의의 쓸모없는 측면과 싸우게 하기 위해서는 목표 지향 또는 성적 강조와, 학습 지향 또는 과정 강조 사이에서 균형을 잡는 일이 반드시 필요하다.

내향적인 아이들과 완벽주의

완벽주의는 위험 감수를 싫어하게 만드는 극단적인 자세이다. 내향성 기질의 영재아는 흔히 완벽을 추구하면서 엄격하게 노력하는 모습을 보이는데, 이런 행동은 잘못하면 무기력 상태로 이어질 수 있다. 영특하고 내향적인 우리 작은딸의 예를 들지 않더라도 필자는 경험을 통해 스스로 그런 상황을 체험했다. 무슨 일이든 완벽하게 해내야 한다는 생각에 사로잡혀 밤을 꼬박 새우고는 한동안 아무 일도 할 수 없는 무기력 상태에 빠지고 말았던 것이다.

완벽주의를 극복하려면 위험 감수를 장려하는 것과 똑같은 방법을 써야 한다. 여기에는 물론 초점을 결과 위주에서 과정 위주로 바꾸는 것도 포함된다. 그렇게 바꾸면 완벽주의자가 그 완고함에서 벗어나 앞으로 나아갈 수 있다. 〈TIP 12〉에는 완벽주의를 극복하는 데 도움이 되는 방법들이 소개되어 있다. 이 방법은 위험 감수를 꺼리는 마음과 완벽주의를 미리 조치하고 학습장애를 방지함으로써 내향성 기질의 아이가 현재의 교육환경에서 맞서게 될지도 모르는 잠재 문제를 없애는 데 큰 효과를 볼 수 있다.

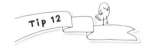

Tip 12 완벽주의 극복을 위한 제언

- 아이의 내향성과 완벽주의에 대해 직접 아이에게 가르친다.
- 아이가 현실적인 목표를 세우게 한다.
- 결과가 아닌 과정에 집중하고 그것을 아이에게도 가르친다.
- 아이에게 자신의 성적을 현실적으로 보라고 가르친다. 제대로 인식하지 못하면 걱정이 커질 수 있다.
- 아이에게 다음의 질문을 생각해 보라고 알려준다.
  - 내 계획은 현실적인가?
  - 실패하면 어떤 일이 생길까?
  - 그 대신에 할 수 있는 일은 무엇일까?

선생님께 보내는
편지

내향적인 우리 아이를 가르치시는 선생님께.

우리 아이의 미래가 겁나고 걱정이 되어 이렇게 편지를 씁니다. 제가 보기에 우리 아이는 공부를 좋아하고 깊이 생각할 줄 아는 학생입니다. 세상을 분석하고 색다른 문제에 대해 창의적인 해답을 내놓는 것을 정말 좋아하는, 저에게는 무한한 잠재력을 가진 것처럼 보이는 아이입니다. 선생님 생각은 어떠신지요?

더불어 우리 아이가 얼마나 특이한지, 얼마나 예민하고 불안정한지 알고 계시는지요? 제 생각에 그런 특징이 혹 약점으로 비치지는 않을까 걱정도 됩니다.

저는 우리 아이가 다른 아이들과 달리 시간이 정해진 시험을 잘 치르지 못한다는 것을 잘 알고 있으며, 일반적인 선다형 시험으로는 실제로 그 과목에 대해 얼마나 많이 이해하고 있는지 선생님께서 파악하시기 어렵다는 것도 알고 있습니다. 그리고 오래 생각하는 성향 때문에 진도를 따라가지 못한다고 생각하고 계실 수도 있을 것입니다.

하지만 우리 아이에게는 그보다 더 중요한, 선생님께서는 캐치하기 어려운 장점이 있습니다.

선생님의 질문에 대한 대답이 조금 오래 걸리기는 하지만 우리 아이가 그 질문을 완전히 이해하고 깊이 있게 생각한 후 대답한다는 사실을 혹 아시는지요? 또 다른 아이들의 모든 움직임과 호흡에서 그 의미를 찾아 낸다는 걸 아시는지요? 자기가 관심 있는 것을 얼마나 깊이 있게 탐구하는지, 얼마나 계획적으로 생활하는지 아시는지요?

정말입니다.

저는 선생님께서 내향적인 우리 아이를 이해해 주시길 바랍니다. 또 우리 아이가 자기 생각 이상으로 잘 발전하기 위해 필요한 안전감을 선생님의 수업에서 느끼게 되길 바랍니다. 그리고 선생님께서 연약한 우리 아이를 보살펴 주시고 격려해 주시어 그 아이의 기질인 내향성의 장점이 더욱 발전될 수 있기를 희망합니다. 그것을 바탕으로 우리 아이가 안정된 상태에서 이 세상으로 과감하게 나아가기 위해 필요한 능력들을 키워 주시길 부탁드립니다. 감사합니다.

아이를 맡긴 걱정스러운 부모 올림

필자는 경력 대부분을 교육계에서 일하면서 쌓았다. 학교에서 심리학자로 일하며 부모와 교사, 아이들이 자신의 경험에서 의미를 찾도록 도왔고, 그 과정에서 학습법과 교수법에 대해 수많은 사람과 이야기를 해보았다. 아래의 질문들은 내가 내향성이라는 주제에 대해 워크숍에서, 그리고 이메일을 통해 받은 질문들에서 발췌한 것이다.

Q. 내향적인 아이에게 '이상적인' 교육환경은 무엇입니까?

A. 내향성 기질의 아이에게 딱 맞는 학습환경을 만드는 비결은 없습니다. 그러기에는 변수가 너무 많습니다. 그러나 일반적인 교실환경을 내향적인 학생에게 유익하게 만드는 방법은 몇 가지가 있습니다. 현재 대부분의 교실환경은 자극이 너무 많습니다. 책상이 빽빽하게 놓여 있고, 벽에는 알록달록한 포스터와 아이들의 작품이 너무 많이 장식되어 있어서 일부 내향적인 학생에게는 감각적인 면에서 과부하를 일으킬 수 있습니다. 최소한 벽만이라도 시각적 자극을 조금 줄이면 내향적인 학생에게 휴식을 줄 수 있습니다. 또 교실에서 아이들이 많이 다니는 곳을 피해 내향적인 아이의 자리를 정해 주면 안정적인 환경을 만드는 데 도움이 될 수 있습니다.

Q 외향적인 학생에게 맞게 계획된 교실에서 내향적인 학생은 어떻게 살아남을 수 있을까요?

A 대부분의 학교에는 학생들이 점심을 먹은 후에나 쉬는 시간에 가는 곳이 있습니다. 이런 공간은 학생들이 학교의 요구사항에서 벗어나 휴식할 수 있는 곳입니다. 또한 모둠활동의 활용 면에서, 그리고 비록 한정된 것이긴 해도 학생에게 교과 선택권을 준다는 면에서 균형 잡힌 교육방법의 필요성을 이해하는 학교가 점점 늘고 있으며, 교사는 학습 패턴을 다양하게 분화시키기 시작했습니다. 학교가 전통적인 학습환경에 여러 가지 방법을 통합시키기 시작

Tip 12 최적의 학습환경 조성하기

모든 학생의 요구에 맞는 학습환경을 조성하는 것은 헤라클레스의 열두 가지 과업만큼이나 어려운 일이다. 그러나 다음의 사항을 고려하면 외향적인 학생을 배제하지 않으면서 동시에 내향적인 학생에게 더욱 친화적인 교실환경을 만들 수 있다.

- 교실의 장식이나 벽을 시각적으로 어수선하지 않게 제한한다.
- 책상과 책상 사이에 약간의 공간을 둔다.
- 교실 안에 북적대는 곳과 조금 떨어진 곳에 내향적인 학생이 시간을 보낼 수 있는 공간을 고려한다.
- 내향적인 학생은 아이들이 많이 다니는 공간으로부터 떨어진 곳에 앉을 수 있도록 힌다.
- 협력 작업 기대와 개인 과제 기대 사이에서 균형을 잡는다.

하는 것 외에 부모는 내향적인 아이에게 교실에서 자신의 요구를 말하는 법을 가르침으로써 아이를 도울 수 있습니다. 게다가 4장에서 알아볼 사회성을 높이는 기술도 익히면 아이가 외향적인 학생들 속에서도 좀 더 편안하게 지낼 수 있을 것입니다.

Q 내향적인 학생과 외향적인 학생의 학습에서 주된 차이점은 무엇입니까?

A 내향적인 아이와 외향적인 아이는 뇌의 화학작용이 다르다는 점을 앞에서 설명했습니다. 신경전달물질이 다르고 신경경로 자체가 다른 점이 학습에 영향을 미치게 되는데, 내향적인 아이는 뇌에서 좀 더 긴 경로를 택하므로 정보 처리 시간이 더 걸립니다. 이들은 깊이 있게 생각하고, 정보에 대해 이야기하거나 관여하기 전에 마음속에서 분석부터 합니다. 반면에, 외향적인 아이는 생각이 빨라서 정보가 입력되는 것과 거의 동시에 행동하지만 수업 내용을 항상 깊게 연계시키지는 않습니다. 달리 말하면 외향적인 아이는 광범위한 내용을, 내향적인 아이는 깊이 있는 내용을 좋아한다는 뜻입니다.

Q 내향적인 우리 아이의 교육적 요구를 학교에 부탁하려고 합니다. 어떤 방법이 가장 좋을까요?

A 아이의 교육에는 부모가 학교와 긴밀하게 협조하는 것이 중요합니다. 교사가 교육학 교육을 받았다고 해서 기질과 학습 스타일을

잘 알 것이라고 생각하지 마세요. 안타깝게도 교사 양성 프로그램 대부분은 학습형식을 조금 다룰 뿐 기질을 깊이 탐구하지는 않습니다. 또 신경과학은 새로운 학문이어서 아직 대부분의 교사 준비 프로그램에 포함되지 않습니다. 게다가 "교사들은 내향적인 학생들만의 장점이 있다는 것을 알지 못한다"고 헨줌(Henjum)이 말한 것처럼, 교육현장에는 내향성의 장점을 알아채지 못하고 내향적인 아이들을 좀 더 개방적으로 바꾸려는 교사가 여전히 많습니다. 따라서 부모는 아이에 대해 파악한 내용을 교사에게 알리는 것이 중요합니다. 아이에게 더 나은 교육환경을 마련해 주기 위해 학교와 협력하십시오. 학교와 의사소통을 잘하려면 앞에 나온 '우리 아이의 내향성에 대해 선생님과 의논하기'를 참조하십시오.

Q 저는 교사입니다. 어떻게 하면 제가 지금 내향적인 학생과 외향적인 학생 모두에게 이상적인 학습환경을 조성하고 있다고 확신할 수 있을까요?

A 독특한 학습요구와 기질, 정신건강에서 고려할 점, 경제적 문제, 다양한 문화 배경 등 학생마다 다 다른 다양한 교육적 요구 사이에서 균형을 잡기란 매우 어려운 일이지만, 그럼에도 모든 학생의 요구를 들어주려면 숙제의 종류, 평가방식, 학생을 위한 중재방식 사이에 균형을 잡는 것이 가장 좋습니다. 어려운가요? 그럴 겁니다. 하지만 학생들 개개인에 대한 차별화된 전략과 긍정적 행동방

식을 주지시키면 대다수 학생이 똑같이 안전하다고 느끼면서 공부하는 교실을 만드는 데 도움이 될 수 있습니다.

- 내향성 기질의 학생은 흔히 두 개의 얼굴이 있다. 하나는 학교에서 쓰는 대중용 가면이고, 다른 하나는 가정에서 보이는 비공식 자아이다.
- 내향적인 학생의 대중용 가면은 일반적인 교실에서 발생하는 너무 많은 자극을 막아주는 역할을 한다.
- 내향적인 학생의 대중용 가면은 그 학생이 무관심하고 학교에 신경 쓰지 않는다는 인상을 준다.
- 내향적인 학생은 실제로 학습을 좋아한다. 하지만 여러 가지 과목보다는 소수 과목을 깊이 있게 공부하는 편을 좋아한다.
- 내향적인 학생은 모둠활동, 시간이 정해진 시험, 빨리 대답해야 하는 평가를 힘들어할 수 있다.
- 내향적인 학생은 학업에서 위험 감수와 완벽주의 때문에 힘들어할 수 있다.

교실 안의 경쟁

"선생님과 코치들은 잘 몰라요. 모든 학생이 사교적이고 적극적이길 바라죠. 그렇지 않은 학생이 있으면 관심이 없는 거라고 생각해요. 정말 나빠요." ●비샤르(16세)

비샤르의 말은 내향적인 학생이 극복해야 할 가장 큰 문제가 무엇인지를 보여준다. 성공하려면 누구나 사교적이고 적극적이어야 한다는 고정관념이 바로 그것이다. 비록 사교적이지도 적극적이지도 못하지만, 내향적인 아이들은 나름대로 열심히 공부하고 헌신적이며, 시간을 내서 다른 사람을 돕고, 코칭을 받을 때는 매우 집중하며, 집단의 소수 구성원과 깊은 관계를 맺는 등 자신의 관심사에 대해 무척이나 열심히 자신의 일에 전념하고 있는데도 말이다.

교실 안 경쟁의 공평성

이 시대 아이들은 친구들과 그 어느 때보다도 치열한 경쟁을 해야만 한다. 대학입시라는 절대적 과제 아래 학업에 대한 기대치는 점점 올라가고, 수업 이외에 아이들의 과외활동 또한 점점 늘어나고 있다. 반면, 학교에서의 창의적인 예술 프로그램이나 창의적인 생각의 장은 줄어들고, 모든 평가는 결과 지향적이며, 혁신적인 사고를 기르는 교육은 사라지고 있다.

이러한 교육의 발현은 아이들의 성적 향상과 유능한 글로벌 인재를 만들고 싶은 욕구에서 비롯된 것이라고는 하지만, 그 대가로 깊이 있는 지식을 쌓아가는 것을 좋아하고 혼자의 노력으로 창의적이고 혁신적인 방법을 종종 생각해 내기도 하는 내향적인 아이들이 빛을 발할 기회가 줄어든 것 또한 사실이다. 공평하지 못한 이러한 현실에서 모든 아이들에게 지워진 기대와 내향적인 아이들이 타고난 학습유형 사이의 간극을 좁히기 위해 부모가 할 수 있는 방법에는 무엇이 있을까?

기본적인 사회성 기술 연습

먼저 아이에게 자신의 기질과 교실에서 만나게 될 친구들의 기질에 대해, 내향성과 외향성은 그냥 다른 것일 뿐 어느 것이 더 좋고 나쁜 게 아니라는 점을 이해시켜야 한다. 다음으로는 어른 및 또래와 대화 시작하기, 발표하기, 자기주장하기 등을 통해 아이의 사회적 능력을 키우도록 한다. 이런 기술과 〈TIP 14〉의 내용을 어릴 때부터 가르치고 자주 연습시키면 내향적인 아이라도 어떤 환경에 있든 경쟁에서 뒤처지지 않게 된다.

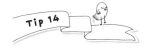

내향적인 아이를 위한 사회성 기술

- 내향적인 아이에게 의사소통기술을 가르치고 대화 시작하기를 연습시킨다.
- 아이에게 침착하게 인생의 굴곡에 따르는 방법을 연습시킨다.
- 마음속 속삭임을 조용히 시키는 법을 가르친다.
- 아이로 하여금 일상에서 소리 내어 웃는 법을 배우게 한다.
- 아이의 인내심과 융통성을 키워준다.

　내향적인 아이가 이런 사회성 기술을 연습하고 활용하기 시작할 때 중요한 것은 기술들을 익히는 시간과 재충전 시간 사이에 균형이 잡혀 있어야 한다는 점이다. 내향성 기질의 사람들은 아이는 물론 어른조차 이처럼 대립적으로 보이는 일들에 대해 힘들어하는 경우가 흔히 있으므로 균형을 잘 잡고 있는지 자주 점검해야 하며, 침잠과 흥분, 좌절 등 심신 소모의 징후가 있는지 눈여겨보아야 한다.

과도한 경쟁과 내향적인 아이들

학업성적은 아이들이 치러야 하는 경쟁의 일부일 뿐으로, 공부 외에 운동, 예술 등의 과외활동에서도 치열하게 경쟁해야만 한다. 이렇게 경쟁이 겹치면 외향적인 아이는 의욕이 샘솟지만 내향적인 아이는 경쟁에 질리게 된다. 과거에 상담했던 한 여자아이의 일화를 보자.

올림픽 출전을 꿈꿀 정도로 출중한 수영선수인 아이는 여섯 살 때 처음 수영을 배운 이후 하루도 빠지지 않고 훈련을 했다. 코치가 말을 하면 항상 아무 말 없이 집중해서 듣고 그의 지침대로 훈련을 소화했으며, 대회에 나가면 늘 코치가 정한 목표 이상으로 좋은 성적을 거두었다. 그러나 물 밖에서는 친구들과 거의 말을 하지 않고 지내는, 그냥 혼자 음악을 듣거나 책을 읽는 조용한 아이였다.

어느 날 코치가 아이를 최고급반으로 올리기로 결정하자 아이는 크게 긴장했다. 그리고 최고급반에서의 첫날, 몸이 아팠던 아이는 훈련을 제대로 마칠 수 없었고, 그 사실을 몰랐던 코치는 아이가 아직 더 높은 단계에서 경쟁할 준비가 되지 않았다고 판단하고는 다시 이전 반으로 내려가는 게 좋겠다고 얘기했다. 아프다는 말을 할 수 없었던 아이는 말없이 고개만 끄덕일 뿐이었다.

코치는, 아이가 그 일을 경쟁에서 실패한 것으로 받아들였으며, 자기는 수영에 별 재능이 없다는 것을 확인하는 자기대화를 계속하고 있다는 사실을 알지 못했다. 즉, 그는 내향성이 경쟁적인 상황에서 아이에게 미치는 영향을 전혀 몰랐던 것이다.

결국 아이는 일주일 후에 엄마에게 운동을 그만두어도 되느냐고 물었다.

이 이야기는 내향성의 현실을 보여준다. 아이가 코치에게 자신의 바람과 두려움을 표현하지 못했던 일, 뿐만 아니라 끊임없는 자기대화를 통해 자신이 인지한 경쟁에서의 실패를 되풀이하여 확인했던 일은 전형적인 내향성의 모습이기 때문이다.

부모는 이처럼 내향적인 아이가 운동 또는 교육활동에서 겪고 있는 경쟁으로 인해 어느 시점에서 힘들어한다면 주저하지 말고 끼어들어 아이의 감정 상태에 도움을 주어야 한다. 올림픽 대표를 꿈꿨던 아이가 만약 자신의 내향성에 대해 미리 알았으며, 경쟁에서 힘들 때의 반응에 대한 코칭을 미리 받았다면 어땠을까? 분명히 다른 결과가 나올 수 있지 않았을까?

경쟁에 대비한 감정코칭

그렇다면 아이에게 좋은 감정코치가 되는 길은 무엇일까? 그렇게 되기 위해서는 다음의 세 가지 능력을 발휘해야 한다.

첫째, 아이에게 무조건 깊은 관심을 갖는 능력이다. 아이로 하여금 자신의 본성을 받아들이게 하고 싶다면 부모가 먼저 아이의 본성을 인정하고 자신을 있는 그대로 받아들인다는 사실을 아이가 알 수 있어야 한다. 이는 부모가 아이를 무조건적으로 사랑해야 한다는 말과 일맥상통하는 것이지만 아이의 온당치 않은 행동까지 허락해야 한다는 뜻은 아니다.

의사소통의 장애 극복하기

다음의 방법을 활용하여 의사소통의 장애를 극복해 보자. 단, 장애가 일어나는 원인은 부모에게도 있을 수 있다는 점을 명심해야 한다.

- 칭얼대기, 소리 지르기, 의사소통 무시하기 등에는 다음과 같은 행동으로 극복하라.
  - 침착함을 잃지 말고 감정을 개입시키지 않는다.
  - 부모가 원하는 결과를 분명하고 간결하게 설명한다.
  - 좋은 결정과 나쁜 결정의 결과를 아이에게 알려준다.
  - 어떤 결정을 하든지 끝까지 완수한다.

- 협박하기, 단정 짓기, 망신시키기 등에는 다음과 같은 행동으로 극복하라.
  - 분명하고 간결한 언어를 사용한다.
  - 감정적으로 중립 상태를 유지한다.
  - 부모의 목표에 계속 집중한다.
  - 그 행동을 개인적으로 이용하지 않는다.

둘째, 훌륭한 의사소통능력 및 협력능력이다. 부모가 내향적인 아이와 원만하게 소통할 수 있는 능력을 익히는 일은 생각보다 쉽지 않다. 내향적인 아이는 자신의 감정에 대해 솔직하게 이야기하는 것을 피하려 하거나 자신에게 실패감을 주는 대화를 거부하기 때문인데, 부모에게는 이런 어려움을 극복하는 법을 배우는 일이 또 하나의 도전이 된다. 〈TIP 15〉에 의사소통의 장애를 극복하기 위한 방법들을 설명해 놓았다. 감정코칭의 성공은 내향적인 아이와 얼마만큼 원활한 의사소통을 하면서 아이를 도울 수 있는가에 달려 있다고 해도 과언이 아니다. 내향적인 아이는 격렬한 감정 때문에 힘들어한다는 사실을 기억하고 침착함과 집중력을 유지하여 의사소통을 지속하라.

마지막 세 번째는 동기부여능력이다. 유능한 코치는 코칭을 받는 사람이 스스로 할 수 있다고 생각하는 수준 이상으로 성취할 수 있도록 동기를 부여한다. 부모는 내향적인 아이가 가지고 있는 관심분야를 격려해 줌으로써 그 분야를 자유롭고 깊이 있게 탐구할 수 있도록 해주어야 한다. 여기서 한 가지 주의할 점은 저녁이 되면 에너지가 부족해지는 특성을 가졌으므로 아이에게 적정 수준에서 에너지 관리하는 법을 가르쳐야 한다는 것이다. 부모의 격려가 클수록 아이는 자신이 가진 기질의 장점을 더 많이 발휘할 수 있고, 그렇게 될 때 자신의 내향성을 인정하면서 외향적인 아이들에게 뒤지지 않을 수 있다. 언제라도 아이에게 감정코칭을 다시 집중해서

해야 할 때는 〈TIP 16〉을 참고하라.

우리는 산에 제일 먼저 오른 사람만이 승자라고 가르치는 경쟁적 글로벌 시대에 살고 있지만, 살아오면서 목적지 못지않게 여정도 중요하다는 사실을 깨닫게 되는 것이 현실이다. 내향적인 아이에게 과정에 집중하고, 자기의 독특한 기질을 인정하고, 경쟁적이고 사교적이어야 하는 필요와 에너지 회복의 필요 사이에서 균형을 잡으라고 가르치는 것은 아이에게 가능한 한 최고가 될 준비를 시키는 좋은 방법이다. 그것이야말로 부모가 아이에게 원하는 것 아닐까?

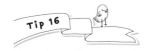

부모가 코치가 되어라

- 코칭에는 효과적인 의사소통, 가르침, 동기부여가 필요하다.
- 의사소통에는 아이의 필요와 욕구에 대한 이해, 적극적인 듣기, 장애물 극복이 필요하다.
- 가르침은 아이에게 자신의 내향성을 이해시키고, 무엇을 생각하느냐가 아니라 어떻게 생각하느냐에 초점을 맞추어야 한다.
- 동기부여를 하려면 아이에게 무조건 많은 관심을 기울이고 아이에게 영감을 주는 근원이 되어야 한다.

학습을 방해하지 않고 성과 높이기

완벽한 이해 및 성과 높이기는 오늘날 교실에서 가장 집중하는 부분 중 하나로, 우리는 성과와 기술 숙달 면에서 끊임없이 성공을 측정하는 시대에 살고 있으며, 과정 강조는 필요 없다고 생각하는 교사들도 있다. 하지만 내향적인 아이들은 성과 위주의 환경에는 잘 적응하지 못할 때가 많다.

그렇다면 교사는 어떤 방법으로 내향적인 아이의 학습을 방해하지 않으면서 현재 교육 시스템에서 요구하는 높은 성과를 유지할 수 있을까? 이 두 가지는 서로 배타적인 것일까? 필자는 그렇지 않다고 생각한다. 해답은 교육의 초점을 완벽한 이해와 과정 양쪽에 모두 맞추고 균형을 잡는 데 있다. 교사가 완벽한 이해에 초점을 맞춘 학생과 과정 지향적인 학생을 파악하여 균형 있게 접근하려면 답을 유도하는 과정에도 점수를 부여해야 하며, 학습을 위한 학습에도 초점을 맞추어야 한다.

오늘날처럼 끊임없이 변화하는 글로벌 사회에서 학생들은 스스로 생각하고 문제를 해결하는 법을 배우는 것이 더욱 중요한데, 과정과 결과 모두에 초점을 맞추면 그것이 가능해질 뿐만 아니라 내향적인 학생에게도 실력을 발휘할 수 있는 장이 마련된다.

당신은 학생에게 콘텐츠 분야의 과제나 수행해야 하는 프로젝트를 내어 줄 때 깊이 면에서 어느 정도까지 융통성을 제고하는 교사인가? 내용 기준 안에서 독특한 분야를 탐구하는 것에 대해서는 어떻게 생각하는가?

우리 아이들은 경쟁이 치열한 세계에서 살아간다. 굳이 학습에 대해서 이야기하지 않더라도, 이기고 지는 것이 관계되는 영역은 스포츠, 사업, 예술 등 모든 곳에 걸쳐 있다. 필자가 경쟁과 기질에 대한 질문을 많이 받는 것 또한 그런 이유와 무관하지 않다고 생각한다.

Q 내향적인 아이에게 서로 경쟁하는 운동을 권해야 하나요?

A 운동은 아이들에게 유익합니다. 모든 아이에게요. 운동을 함으로써 아이는 목표설정과 팀워크, 규칙을 배우고 체력도 좋아집니다. 그렇기는 하지만 내향적인 아이를 위해 종목을 고를 때는 신경을 써야 합니다. 결정의 주도권을 아이에게 주고 여러 가지 종목을 알아본 후에 한두 개를 고르게 하십시오. 아이가 야구나 축구 같은 팀 스포츠에서 스트레스를 받는다면 수영이나 탁구 같은 개인 스포츠를 권해 보세요. 또한 개인적인 스포츠를 하는 동안 받게 되는 주목을 부담스러워한다면 레크리에이션 종목도 생각해 보십시오. 중요한 점은 자녀가 또래의 일반적인 관심사를 찾는 한편, 경쟁과 사회적 압력으로 인한 부정적인 영향을 최소화할 수 있는 장을 발견할 수 있도록 하는 것입니다. 운동의 또 다른 긍정적인 측면은

신체활동을 할 기회가 생긴다는 것뿐만 아니라, 하루를 마음속으로 하나하나 분석하면서 머릿속에서 생활하는 경향이 있는 내향적인 아이들에게 휴식을 가능하게 해준다는 점입니다.

내향적인 아이들의 경우 경쟁하는 운동을 할 때도 불리한 점이 있습니까?

다른 것과 마찬가지로 서로 경쟁하는 운동도 내향적인 아이에게는 불리하게 작용하는 점이 있습니다. 간혹 승리의 압박감에 질식되기도 하며, 팀 스포츠에서는 패배를 자기 잘못이라고 해석할 때도 있습니다. 그러나 본성이 자기 마음을 밖으로 드러내지 않기 때문에 코치에게 말도 못 하고 가슴속에서만 그 감정을 계속 키우다가 속이 곪게 되고, 결국에는 위험을 감수하지 못하는 문제가 발생하게 됩니다. 학업에서와 마찬가지로 내향적인 아이 다수가 실패와 완벽주의에 대한 두려움 때문에 모든 분야에서, 특히 경쟁적인 팀 스포츠에서도 망설임이 나타날 수 있습니다. 따라서 아이로 하여금 실패의 위험을 감수하면서 경쟁적인 환경이 꼭 독이 되는 것은 아니라는 점을 확인시키는 게 중요합니다.

내향적인 아이들이 협력과 모둠활동을 강조하는 현재의 교육 시스템에 대처할 수 있게 하려면 어떤 기술을 배워야 할까요?

어떤 아이나 기본적인 외향성의 기술들을 배워두면 도움이 될 거라고 생각합니다. 효과적으로 의사소통하는 법을 배우고, 마음의 속삭임을 줄이고 융통성을 키우는 것 모두 내향적인 아이가 모둠 활동에서 빛을 발할 수 있는 능력을 높이는 방법입니다. 더욱이 좌절을 침착하게 받아들이는 법에 대한 학습, 경청해야 할 필요와 외향적인 친구를 도와야 할 필요 등에서 균형을 잡는 기술을 익히는 것도 내향적인 아이에게 도움이 됩니다.

Q 내향적인 고등학생 딸을 둔 부모입니다. 우수 학생들만 모인 클래스에서의 학업 경쟁이 딸에게 나쁜 영향을 줄까 봐 걱정입니다. 동시에 딸이 좋은 대학에 들어갈 수 있는 모든 기회를 놓치지 않았으면 합니다. 제가 정말로 관여해야 할까요?

A 요즘 고등학교에서의 학업 경쟁은 정말 대단합니다. 빼어난 학생도 성적을 어느 정도 이상 유지하면서 스펙을 하나라도 더 추가하고 싶은 욕구 때문에 스트레스를 받을 수 있습니다. 그러니 스트레스에 대처하는 법을 익히지 못했을 때 문제가 발생하는 것은 당연한 일이겠지요. 앞에서 설명했듯 내향적인 아이들은 태어나면서부터 자아성찰을 하고 생활의 매 순간을 분석합니다. 특히 우수 학생들만 모인 클래스에 들어간 내향적인 학생에게는 이러한 자아성찰 능력이 자산이자 저주가 되기도 하는데, 흔히 그런 곳에서의 프로그램은 학업성적이 최고인 학생들을 자극하는 것과 동시에 클래스 안에서 그들의 등급 하락을 수반하게 됩니다. 그 도전이 장

하기는 하지만 아이에게 처음 겪는 실패가 되면 아이는 끊임없이 그것을 곱씹으며 스트레스를 받다가 결국에는 기가 꺾일지도 모릅니다. 그러므로 부모의 역할은 아이가 스트레스를 너무 많이 받지 않으면서 원하는 것을 성취하게 하는 일로, 긴장을 푸는 법 등을 가르쳐 자신의 감정반응을 조절할 수 있도록 도와주면 엄격한 프로그램에서 받는 스트레스를 풀 수 있을 것입니다.

Q 저는 내향적인 영재 고등학생들을 상대합니다. 그들이 치열한 경쟁 속에서 잘 지낼 수 있게 하려면 어떤 조언이 필요한가요?

A 이 질문은 스트레스로 인한 실패를 겪지 않으면서 엄격한 프로그램에 잘 대처하는 법을 가르치는 것과 관계가 있습니다. 교사는 학업은 물론 감정에 관한 것들까지 모두 가르치면서 자기 학생의 코치 역할을 하는 독특한 위치에 있습니다. 〈TIP 17〉에 교사로서 학생을 도울 수 있는 일들을 나열했습니다.

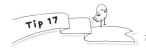

Tip 17

스트레스는 아이가 직접 풀게 한다

- 교실환경을 안전하고 차분하게 유지한다.
- 학급의 학생들에게 이완법을 가르치고 실행한다.
- 시험의 불안을 없애기 위한 방법으로 예습을 권한다.
- 성적으로 인한 스트레스와 그것에 대한 대처법을 솔직하게 말한다.
- 걱정되는 학생이 있으면 그 학생과 부모에게 모두 연락한다.

- 우리는 과정보다는 결과에 치중하는, 경쟁이 아주 치열한 사회에서 살아간다.

- 내향적인 학생은 과정에서는 뛰어나지만 결과 때문에 고심할지도 모른다.

- 부모와 교사는 내향적인 아이가 부딪히게 될지도 모르는 어려움을 함께 이해하는 것이 중요하다.

- 내향적인 학생이 기본적인 사회성 기술을 익히면 경쟁에 도움이 될 수 있다.

- 부모는 내향적인 아이에게 '코치'가 되어주고, 운동 및 학교에서 유능해지기 위해 필요한 기술을 계발하도록 도와야 한다.

- 코칭에는 무조건적인 관심, 효과적인 의사소통능력, 동기부여능력이 필요하다.

학교, 그리고
실패의 극복

"저는 점수가 좋아도 친구들에게 절대 알려주지 않아요. 그건 정말 개인적인 거니까요." ●마야(13세)

학교에서의 경쟁이 치열해지고 더욱 엄격해지면서 실패의 가능성도 커지고 있는 반면, 내향적인 아이들은 학업에서 항상 있을 수 있는 실패에 대한 위험 때문에 고심하는데, 적당한 위험을 감수하는 것은 실패뿐만 아니라 좌절에서 회복하는 능력과도 관계가 있다.

내향적인 아이들과 실패의 의미

아이가 경쟁에서 위험을 감수할 때는 실패할 가능성을 고려하며, 회복탄력성이 발달한 아이는 실패의 가능성은 경쟁의 부수적인 것에 불과할 뿐이라는 사실을 안다. 반면에 힘들어하는 아이는 그 위험을 불필요한 것으로 보고 어떻게든 위험이 생기지 않도록 조심한다. 설사 목표를 중간에 포기하는 한이 있더라도 말이다.

필자의 딸이 악단에서 플루트 부수석을 맡았을 때의 일이다. 필자가 수석에 도전해 보지 않겠느냐고 했더니 딸아이가 떨어질 것이라고 말하는 게 아닌가. 왜 떨어진다고 단정하는지 알고 싶어서 좀 더 깊이 있는 대화를 시도하자 아이는 자기가 꼭 수석일 필요가 없다면서 화제를 바꾸었다. 수석 자리는 친구에게 더 중요하다는 것이다.

딸아이가 제시한 근거(수석 자리는 친구에게 더 중요하다는)는 내향적인 아이들에게 선택권을 주었을 때 어떻게 비교 평가하는지를 보여주는 전형적인 예라고 할 수 있다. 생각해 보면 그 친구의 필요가 딸아이의 결정에 일정 정도 영향을 끼쳤을 수도 있고, 우리 아이가 모험을 좋아하지 않아서였을 수도 있으며, 두 가지 모두 영향을 주었을 수도 있다. 하지만 모험을 통해 자기 필요를 충족시킬 것인가, 아니면 현재 상태를 유지하면서 친구의 필요를 충족시킬 것인가만 두고 보았을 때 딸아이는 분명히 후자를 선택한 게 사실이다.

또 거의 모든 결정에 대해 끊임없이 생각한다는 증거이기도 하다. 내향적인 아이들의 마음속에서는 일어나는 모든 일에 대한 근거를 대며 또 하나의 자신이 계속해서 속삭여댄다. 물론 신중하다는 점에서는 좋을 수도 있지만 너무 지나치면 생각만 하다가 끝나는 우유부단이라는 함정에 빠지는 수도 있다. 잘못된 결정을 할까 두려워 모든 선택에 대해 지겹도록 따져보다가 실수를 막기 위해 아예 포기하거나 수업 내용을 이해해 보려는 시도조차 하지 않게 되면 회복탄력성은 현저히 약화될 수밖에 없다. 내향적인 아이들은 이런 식으로 점점 행동하지 않게 되고, 그 결과 실패를 거듭하는 끝없는 악순환의 함정에 빠지게 된다. 그들이 실패의 두려움과 맞서기 위해 꼭 해야 하는 일과 정반대의 상황이 벌어지게 되는 것이다.

부모가 이런 함정에 빠진 아이를 돕는 방법은 앞에서 설명한 회복탄력성 기술을 강화하고 실패와 비활동의 차이를 알려주는 일이다. 그리고 상황에 대한 자율성 향상, 확고한 지원체계 마련, 감정반응의 균형 잡기 등을 통해 실패의 부정적인 영향과 맞서 싸울 수 있게 해야 한다. 실제 현실에서 한 실패이거나 그냥 머릿속에서만 인식한 실패이거나 간에 회복탄력성만으로는 실패의 부정적 영향에 맞서 싸우기에 힘들 수도 있는데, 그렇게 되면 아예 실패의 정의를 재정립하는 방법도 도움이 될 수 있다.

변화의 수용과 실패 극복

오늘날에는 대체로 결과에 대한 규정이 엄격하게 고정되어 있다. 하지만 우리는 옳을 수도 있고 틀릴 수도 있으며, 어떤 한 가지가 좋을 수도 있고 나쁠 수도 있다. 실제로 흑백으로 명확하게 구별되는 것은 거의 없으며, 세상은 아주 다양한 색조로 이루어져 있고 사람들 대부분은 그 속에서 자기 역할을 하는데, 그런 세상에서 한 자리만 고집하며 움직이지 않는 것은 불만을 만드는 가장 확실한 방법이다.

변화 또한 그렇다. 변화 자체에 크게 저항하는 내향적인 아이들은 위험을 감수하는 행동을 시도해 상황을 악화시키느니 차라리 싫어도 현재 상황을 견디려고 한다. 그다음은 당연히 행동할 차례라는 사실을 그들은 거의 깨닫지 못한다. 따라서 이 세상에 존재하는 진리 중 하나가 변화라는 사실을 깨닫게만 할 수 있다면 실패를 극복해 나가는 아이의 능력은 매우 높아질 수 있다. 〈TIP 18〉은 내향적인 아이가 변화를 받아들이면서 완고함을 줄일 수 있는 방법들이다.

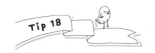

Tip 18 변화를 품어라

- 변화에 대해 아이가 염려하는 점을 직접 확인하게 한다.
- 문제해결기술을 가르친다.
- 부모가 융통성의 본보기가 된다.
- 주중 계획을 짤 때 빈 시간을 계획하여 갑작스러운 변화에 대처할 수 있게 한다.
- 변화는 정상적인 현상이라는 점을 가르치고 주변에서 보이는 변화를 알려준다.

실패 회복이 쉽지 않은 아이들

내향적인 아이는 부모가 아무리 최선의 노력을 다해도 학교라는 시스템에 압도되어 실패나 패배를 경험할 때가 있는데, 이때 부모는 당연히 아이의 회복에 관심을 두어야 한다.

반면, 내향적인 아이들은 자기들의 분노와 좌절을 부모에게 직접 쏟아내기 때문에 대개의 경우 회복이 쉽지 않다. 따라서 부모는 그것이 아이의 개인적인 감정이 아님을 기억하고 아이를 다시 침착한 상태로 되돌려놓는 데 집중해야 한다. 그런 상태에 있는 아이와 시시비비를 가리는 일은 쓸데없는 에너지 낭비이며 결국 모두에게 비참한 결과만 낳을 뿐이다. 대신에 아이가 자신의 감정을 다시 조절할 수 있도록 뒤로 한발 물러서서 전술한 이완법을 이용해 다시 중심을 잡을 수 있도록 도와주면 앞으로 그런 위기를 피하는 방법에 대해 아이와 대화를 시작할 수 있을 것이다.

〈TIP 19〉는 실패를 극복하고 회복하는 법을 아이들에게 가르칠 때 기억해야 할 사항이다.

실패에 대처하는 법을 이야기할 때 영재아, 특히 내향성 기질의 영재아를 빼놓을 수 없다. 영재아 중에 내향적인 기질을 가진 아이가 많다는 스워드(Sword)의 연구 결과는 그리 놀라운 일이 아니지만, 영재아에게는 내향성의 부정적인 측면이 더 강하게 나타난다는 점에 대해서만큼은 주의해야 한다. 어지러운 학교 환경에서 떨어져

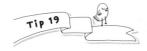

좌절 딛고 일어서기

- 당면한 위기에서 거리를 두고 떨어진다.
- 부모는 잠시 스스로 진정하고 아이에게도 진정하는 법을 일러준다.
- 모두가 위기에서 벗어나면 행동폭발을 일으킨 아이의 이야기를 들어본다.
- 아이가 긴장을 풀 수 있는 공간과 시간을 마련해 준다.
- 아이의 스케줄을 다시 검토하여 앞으로 에너지 소모가 지나친 일정은 미리 막도록 한다.

나와 책 속에 빠져 있는 아이들을 보고 있노라면 사회적인 상호관계는 완전히 단절한 게 아닌가 생각될 정도이다. 따라서 내향적인 영재아를 돕는 일에는 좀 더 진지하게 접근해야 하며, 우려되는 점에 대해 위기가 발생하기 전에 미리 조치를 취해 놓아야 한다. 그렇지 않으면 환경에 압도당했을 때 보통의 내향적인 아이들보다 훨씬 부정적이고 격한 감정을 표출하는 영재아를 보고 잘못 판단하여 아이를 완전한 실패의 구렁텅이로 몰아넣는 우를 범할 수도 있다.

실패를 긍정적으로 바라보기

아이들은 점점 어려운 난이도를 학습하고 완벽하게 익혀야 하는 만큼 실패할 가능성이 커지는 것도 사실이다. 따라서 교사는 실패하는 아이들을 매일 대할 수밖에 없으므로 그에 대한 대처법을 알고 있어야 한다. 그중에서도 내향적인 학생의 실패에 대처하는 방법은 생각보다 어려울 수 있다. 다음과 같은 상황을 생각해 보자.

교사가 성적표를 나눠주고 있다. 외향적인 학생은 자기 성적표를 친구들과 서로 비교해 보는 데 반해 내향적인 학생은 성적표를 얼른 보고 치운다. 성적이 잘 나왔다면 아무 문제가 없을 수 있지만 예상보다 안 좋거나 점수가 현저히 나쁘면 먼저 마음속으로 계속해서 자기비하적인 말을 하고, 그다음에 부모님이 어떻게 생각할지 또는 이 성적이 자기 미래에 어떻게 작용할지 등에 대해 상상하게 될 것이다. 그리고 이런 내적 감정의 반응이 감각을 압도하면서 좌절감을 느끼게 된다.

내향적인 아이의 마음속에서 일어나는 이러한 연쇄반응은 교사나 친구들은 전혀 눈치 챌 수 없으며, 나아가 감정의 위기 속을 치닫고 있다는 것 또한 알 수가 없다. 대중용 가면을 특히 잘 발달시킨 아이라면 아마 그런 상태에서 오랜 시간을 교실에서 보낸다 해도 누구도 그 아이의 가면 뒤에서 부글거리는 혼란을 보지 못할 것이다. 그러나 가면이 그다지 완벽하지 않은 학생은 머리가 아프니 보건실에 가도 되느냐고 묻거나 혼자 화장실로 가서 울 수도 있다. 어디든 공동의 공간이 아닌 곳으로 가려는 시도를 한다는 말이다.

교사는 그 아이가 방금 겪은 실패로 인해 느끼는 감정을 전혀 모를 수 있으며, 성적을 신경 쓰지 않는 아이라거나 회복탄력성이 뛰어나서 아주 잘 순응하는 아이라고 생각할지도 모른다. 반면, 아이는 밖으로 나오거나 자신에게 문제가 있다는 것을 아는 가족이 있는 집에 오면 엄청난 행동폭발을 보일 수도 있다.

그렇다면 학생이 성적표를 보고 머릿속에서 인식한 실패에 압도당하지 않도록 돕는 방법은 무엇일까?

먼저 앞서 설명한 대로 학년 초에 이해력과 과정을 평가에 반영할 것이라고 말하고 학생들에게 모험과 실패를 겪어야만 진정한 학습이 이루어진다는 것을 가르친다. 그다음에는 학생 파악에 집중한다. 내향적인 학생이 누구인지 확인하고 낮은 점수를 받았을 때는 그것을 회복하거나 이해할 방법을 마련해 주어라. 재시험의 기회여도 좋고, 아이가 점수에 대해 이야기하고 싶어 하는 낌새가 보일 경우에는 얘기를 해도 좋다. 다만, 아이들이 먼저 찾아와 이야기를 꺼낼 때까지 기다리지는 마라.

또 그들의 행동에 대해 우려되는 바가 있다면 부모에게 연락을 취하고 실패가 학습의 자연스러운 부분임을 배우게 한다. 학생들이 성공과 실패를 좀 더 융통성 있게 볼 수 있도록 지도하는 것은 모든 학생, 특히 내향적인 학생이 점수나 성적을 긍정적으로 보게 하는 가장 좋은 방법이다.

성적의 압박감에 관하여

오늘날 아이들이 성적 때문에 학교에서 받는 압력은 매우 과중하다. 전국적인 성취도 평가, 운동이나 학업에서 치러야 하는 경쟁, 취업이나 성공에 대한 압박감 등 모두가 아이들의 성취에 방해가 될 수 있다. 특히 내향적인 아이들의 성취를 가로막을 수 있는데, 다음은 부모와 교사들이 미국 전역에서 주별로 보는 시험에 대한 생각과 아이들에게서 관찰된 압박감에 대해 이야기하면서 나왔던 질문들이다.

우리 아들은 수학 시험을 볼 때 큰 문제가 있어요. 집에서는 다 아는데 시험만 보면 틀린다는 거예요. 또 수학 수업에 잘 집중하지 못하는 것도 문제입니다. 그러면서도 수학을 좋아한다고 우기죠. 학교 성적과 관련해 제가 도와줄 방법이 있을까요?

제 생각에는 수학이 자녀가 좋아하는 과목 맞는 것 같아요. 성적과 상관없이요. 어떤 과목의 성적과 그것을 재미있어 하는 것은 서로 상관관계가 없습니다. 저 역시 좋아하기는 하지만 잘 못하는 일이 많습니다. 그렇긴 해도 자녀의 수학 성적과 관련하여 부모가 도와줄 방법이 있습니다. 먼저, 시간을 넉넉하게 갖고 시험 준비를 하게 하십시오. 공부를 여러 날에 걸쳐 하게 하세요. 두 번째, 초점을 성적에서 과정으로 바꾸세요. 다시 말해서 아이가 몇 문제나 맞추느냐가 아니라 어떻게 공부하고 푸느냐에 초점을 두는 겁니다. 아이가 성적에 대한 압박감 때문에 숨이 막힐 지경일 가능성이 높습니다. 마지막으로, 공부를 너무 많이 하지 않게 하세요. 시험 준비를 너무 많이 하고 있는 것일 수도 있습니다.

Q 아이가 학업 때문에 힘들어할 때 도움을 주기 위해 취할 수 있는 조치는 무엇입니까?

A 최근 들어 학교에서 학업에 어려움을 겪는 아이들에 대한 대응방법이 훨씬 좋아지긴 했지만, 내향적인 학생의 경우, 겉으로 나타나는 학업의 어려움은 사실 기술에 숙달하지 못해서가 아니라 내향성의 본질에 기인할 수도 있습니다. 예를 들면, 구두 발표나 빨리 진행되는 퀴즈 때문에 힘들어한다면, 사실 아이는 내용을 다 알지만 내향성 때문에 그것을 내보이지 못하는 것일 수 있다는 말입니다. 따라서 어떤 조치를 취하기 전에 그 어려움의 근원을 파악하는 것이 중요하며, 원인을 알면 부모와 교사가 협조하여 해결책을 마련할 수 있습니다. 〈TIP 20〉에 몇 가지 고려할 사항을 열거했습니다.

Q 어떻게 해야 교사들에게 내향성이 무엇인지 이해시킬 수 있을까요?

A 대부분의 교사 준비 프로그램에는 기질이 학습에 미치는 영향에

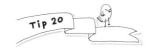

학업에 어려움을 겪는 아이를 위한 계획 마련하기

- 교사와 만나 공동목표와 계획을 세운다.
- 아이의 장점부터 이야기한 후 우려되는 바를 살핀다.
- 문제를 통해 아이가 어려움을 겪고 있는 분야를 밝힌다.
- 집중해서 측정할 수 있는 목표를 정한다.
- 계획은 간단해야 좋다.
- 계획을 자주 떠올리며 진행상황을 점검한다.
- 필요하면 계획을 수정한다.

대한 교육이 없습니다. 아이의 어려움이 내향성과 관계가 있다거나, 원래 학습에 전혀 어려움이 없고 그저 학습 스타일이 다를 뿐이라는 사실을 교사들은 이해하지 못할지도 모릅니다. 이럴 때 부모가 아이의 변호인으로서 아이와 관련해 학교와 협조하는 것이 중요합니다. 학년 초 교사와 면담을 할 때 자녀의 독특한 학습 스타일과 기질에 대해 교사에게 알려주세요. 그런 다음 한 해 동안 필요한 상황이 생기면 학교와 협력하여 아이가 적절한 교육을 받도록 해주십시오. 교사가 교육의 전문가라면 당신은 당신의 아이에 대한 전문가라는 점을 기억하고 학교와 협력하면 교사에게 기질을 이해시키는 것은 물론 모두가 아이를 돕기 위한 동맹을 맺을 수 있습니다.

Q. 우리 딸은 부정적인 생각의 고리에 빠진 것 같습니다. 딸아이가 생각을 바꾸도록 도와줄 방법이 있습니까?

A. 아, 파멸의 올가미에 걸렸군요. 제가 잘 압니다. 내향적인 아이 대부분이 가끔 이 올가미에 걸립니다. 과거의 실패에 따른 부정적인 면에 너무 집착하는 것이지요. 딸아이가 스스로 생각을 바꾸게 하려면 부정적인 면을 확인하게 한 다음 생각을 좀 더 긍정적인 것으로 바꾸게 해야 합니다. 또한 자녀가 하루 중 자신의 생각을 모두 멈출 수 있는 시간을 정하게 하십시오. 명상, 운동 등도 도움이 될 수 있습니다.

Q. 제 학생 가운데 일부가 기질의 문제임에도 장애로 잘못 확인되었습니다. 그런 일도 있을 수 있나요?

A. 그렇습니다. 진짜 문제는 기질과 관련된 것임에도 학생에게 잘못된 꼬리표가 붙을 수 있다는 것입니다. 외향적인 아이와 내향적인 아이 모두 주의력결핍과잉행동장애(ADHD) 진단이 잘못 내려지는 경우가 많습니다. 외향적인 아이는 과다활동, 내향적인 아이는 부주의 때문에 나타나는 현상입니다. 비슷하게 내향성은 흔히 자폐스펙트럼장애(ASD), 감각통합장애, 불안장애로 진단되는 등 잘못 분류될 수도 있는데, 이런 일이 일어나는 이유는 이러한 진단의 다수가 광범위한 행동요소를 대상으로 하는 배제진단법으로 내려지기 때문입니다. 따라서 교육적이든 의학적이든 진단을 할 때는

다양한 분야에서 제대로 훈련을 받고 구별하기 어려운 진단을 제대로 해낼 수 있는 유자격자가 해야 합니다. 다양한 진단과 필요에 따라 학생을 분류하는 학교 환경에서 학교 심리상담교사나 담임교사가 학생의 행동만 보고 잘못 분류해서 학생을 다치게 하는 일이 없도록 주의하는 것이 특히 중요합니다.

- 실패를 대하는 바람직한 대처기술을 발달시키려면 회복탄력성을 발달시켜야 한다.
- 내향적인 아이가 흔히 실패와 싸우는 데는 다음의 사항들과 관계가 있다.
  - 내면의 '사고' 함정.
  - 다른 사람의 욕구와 자기 욕구 사이에서의 갈등.
  - 자신의 대중용 가면과 비공식 자아 사이에서의 갈등.
- 변화는 사물의 자연스러운 상태이다.
- 내향적인 아이는 변화에 저항한다. 변화를 인정하고 포용하게 하려면 도움이 필요하다.
- 내향적인 아이는 실패와 마주할 때 폭발할 수 있다.
- 내향적인 영재아에게는 보통의 내향적인 아이들과 비슷한 욕구와 어려움이 있지만 좀 더 정도가 심하게 반응한다는 면에서 차이가 있다.

내향적인 학생들이 말하는 성공의 압박감

어린이를 위한 책《영재아의 성공비결 101가지(101 Success Secrets for Gifted Kids)》와《소녀들을 위한 가이드(The Girl Guide)》를 집필하기 위해 자료조사를 하면서 포커스 그룹을 운영하기 시작했다. 아이들 수백 명을 만나 영재성, 학교, 또래의 압력 등등 모든 것에 대해 구체적으로 물어보았는데, 그중 고등학생들로 구성된 한 포커스 그룹을 통해 기질에 대한 생각과 우등반에서 느끼는 성적에 대한 압박감을 조사했다. 그 집단에서 나온 내용 일부를 여기에 인용한다. 내용은 내향적이면서 영특한 많은 십대 아이들이 외향성에 우호적이면서 간혹 내향성의 희생을 요구하는 세상의 기대와 직면했을 때 느끼는 압박감에 대한 것이다.

여기에 소개되는 아이들은 내향성 기질이 확인된 남학생 다섯 명, 여학생 여섯 명으로, 그들은 모두 학교에서 영재학생으로 선발된 아이들이었다. 여기서는 편의상 그들을 학생 1부터 학생 11로 적는다.

오늘 저녁 이 모임에 참여해 준 여러분 모두에게 다시 한 번 감사를 드립니다. 다음은 학업 면에서 매우 높은 성취를 강요하는 오늘날의 세상에서 내향성 기질의 학생들이 느끼는 것에 대해 묻는 질문들입니다. 기본적인 질문부터 시작하기로 하죠. 여러분은 학교생활이 내향적인 학생에게 더 힘들다고 생각합니까?

학생 1 그렇습니다. 정말로요.

학생 8 선생님들은 항상 우리가 프로젝트를 해내고 보고서를 쓸 시간이 있다고 생각하시는 것 같아요. 때문에 우리는 동아리활동보다도 프로젝트를 가장 먼저 해야 합니다.

학생 11 내향적인 성격에서 벗어나야 한다는, 나를 알려야 한다는 압력이 상당해요. 전 정말로 불편해요.

학생 1 저는 뭐든 뒤쪽으로 빠져 있는 게 좋아요. 하지만 그러면 들어가고 싶은 대학에서 알아주질 않죠.

학생 3 일부 선생님들은 우리가 교실에서 이야기할 때, 그리고 서로 의견을 주고받는 동아리(소크라테스 철학 세미나)활동에 활발히 참여하는 것에 문제가 없다고 여기시는 것 같아요. 저는 그게 힘들어요.

학생 11 우리는 각자 적어도 하나씩의 문제는 갖고 있어요.

학생 3 그게 바로 우리가 이겨내야 하는 거예요. 친구들 역시 똑같은 일을 겪고 있다는 걸 저도 알아요.

남보다 뛰어나야 한다는 압박감은 어떻습니까? 기질에 따라 그 압박감을 느끼는 게 어떻게 다른가요?

학생 2 대답하기 어려운 질문이네요. 저는 내향적이라서 외향적인 친구들이 어떻게 느끼는지는 모르겠어요. 우리가 자주 이야기하는 내용은 아니에요.

학생 6 외향적인 친구들 대부분은 압박감에 대해 우리보다 좀 더 많이 말하겠죠. 확실해요(참가자들이 웃으며 고개를 끄덕임). 농담이 아니라 저보다 사교적인 제 친구들은 학교에서 많은 압박감을 느낀다고 자주 얘기해요.

학생 3 하지만 우리는 아니에요. 누군가가 그 이야기를 먼저 꺼내면 저도 압박감을 느낀다고 말하기는 하죠. 그러나 그때도 제 기분을 선뜻 인정하지는 않아요. 대부분 제 기분이 어떤지 엄마한테도 말 안 해요. 무슨 문제가 있어서가 아니라 그냥 그걸 말하는 게 너무 힘들어요.

여러분 모두 그래요? 스트레스와 압박감을 이야기할 때 항상 주저해요?

(더 많은 학생이 고개를 끄덕임)

학생 10　우수 학생 프로그램에 있는 우리 모두 남보다 뛰어나야 한다는 압박감을 많이 가지는 것 같아요. 그 부분에 대해서는 어느 정도 동의해요. 우리는 점수를 잘 받아야 하고 리더십 활동에도 참여해야 해요. 또 운동이나 예술 동아리에도 들어가야 하고 자원봉사도 해야 하죠. 이런 프로그램을 수행해야 하는 학생이라면 누구나 어느 정도의 압박감을 느낄 것 같아요. 내향적인 학생은 그것에 대한 이야기를 적게 할 뿐이죠.

　여러분 가운데 경쟁하는 운동을 하는 친구 있어요? 자기 기질을 고려할 때 그 운동이 힘든가요?

학생 5　다 운동을 하는 건 아니라고 생각해요. 하지만 운동 말고 경쟁적인 활동을 하기는 하죠.

학생 6　모의재판이나 토론회, 운동 등을 하죠. 대학에 낼 원서를 쓸 때 좋아 보이는 것들로요.

학생 5　맞아요. 그리고 우리 다 그런 단체에서 리더를 맡으려고 하죠. 저는 그것이 제일 힘들어요. 저보다 사교적인 친구들이 같은 자리를 원하면 저는 거의 도전하지 않아요. 대신에 제가 할 수 있는 새로운 자리를 만들어요. 그게 그 단체의 사람들에게 나를 '판매'하려고 하는 것보다 쉬워요.

학생 3　전 수영을 잘해요. 수영 팀에 있는 게 하나도 힘들지 않아요. 전 그냥 수영을 하고, 시합 중간 중간에 음악을 듣고 진정시켜요. 별거 아니에요.

학생 11 저도 수영 팀이에요. 그리고 저 역시 제 기질 면에서는 별로 힘들지 않아요. 그런데 우리 코치는 내향적인 성격을 이해하지 못해요. 코치가 여러 사람 앞에서 저한테 소리를 지르면 마치 난폭한 취급을 당한 것 같은 기분이 든다는 걸 그들은 생각하지 않아요.

학생 7 맞아요. 코치들은 경기장에서 큰 소리로 지적당하는 것이 어떤 기분인지에 대해 절대 신경 쓰지 않는 것 같아요.

다른 과외 활동은 어때요? 어떤 종류에 더 끌리나요? 무슨 활동인가요?

학생 2 우리의 관심 대상은 다양할 뿐만 아니라 다른 것 모두에 관심을 가져요. 우리 중에는 틀림없이 비슷한 활동을 하는 친구들이 많을 거예요. 하지만 그중에서도 더 비슷하게 연결되어 있는 것은 대학이라는 목표라고 생각해요. 아마도 우리 대부분은 대학 입학에 가장 유리한 활동을 하고 있을 거예요.

학생 5 모의재판이나 토론회를 좋아하기도 하고, 봉사나 종교단체에 끌리는 친구도 있어요. 또 예술 팀에 들어 있는 친구도 있지요.

학생 2 우리 모두 다양한 활동을 하려고 노력해요.

학생 9 꼭 대학을 위해서만은 아니에요. 저는 연설활동이 좋아요. 덕분에 사람들 앞에서 말할 때 느끼는 두려움을 극복할 수 있었어요.

내향적인 학생이 대학에 입학하기가 더 어렵다고 생각합니까? 그렇다면 그 이유는 무엇이고 그렇지 않은 이유는 무엇입니까?

학생 1 기질과 대학 입학은 관계가 없다고 생각해요.

학생 3 면접 부분은 빼고요. 저는 제가 면접을 두려워한다는 걸 알아요.

학생 1 맞아요, 그런데 그건 누구나 두려워하는 부분이죠. 면접을 대비해서 들을 수 있는 수업도 있어요.

학생 3 네, 역할놀이 교실이죠. 거의 면접만큼이나 싫어요.

학생 9 전 대학 입학은 걱정되지 않아요. 그리고 기질도 입학과 관계가 없다고 생각하고요. 하지만 전 제 기질과 잘 맞는 작은 대학에 더 많이 끌리는 것 같아요. 한 강의실에 50명에서 100명이나 있다는 건 생각만 해도 끔찍한 일이에요. 제가 가고 싶은 대학들은 학생 대 교수 비율이 10 : 1 정도인 곳이죠.

내향적인 학생이 고등학교에서 맞닥뜨리게 되는 가장 큰 도전은 무엇입니까?

학생 4, 5 사교성이죠.

학생 5 고등학교에서 사교성에 대해 신경 써야 한다는 게 싫어요. 저는 다행히 제 기분, 혼자 있고 싶은 마음, 어떤 일에 대해 별로 말하고 싶지 않은 마음을 이해해 주는 사람들을 많이 알게 되었어요. 하지만 다른 친구들은 정말 상대하기 힘들어요.

학생 9　전 제가 오해를 많이 받는 것 같아요. 심지어는 친구들한테까지도 그래요. 그 애들은 저를 속물이라고 생각하는 것 같아요. 그리고 제가 혼자 있고 싶어 하는 마음이나 무리에 끼길 주저하는 마음을 이해 못해요.

학생 5　우린 알아!

학생 9　그래. 그런데 그렇지 못한 사람이 많아요. 그들은 제가 따로 떨어져 있으면 제가 우쭐댄다고 생각해요. 아니면 저한테 무슨 문제가 있다고 생각하거나⋯⋯. 그게 고등학교에서 제일 힘든 일이에요.

학생 10　나도 그 마음 알아. 사교성 관련 문제는 시간을 잡아먹기만 하는 괴물이에요. 저와 비슷한 친구들을 만나기까지 3년이나 걸렸어요. 그런 친구들을 만나서 올해는 훨씬 좋았어요. 내년에는 우리 모두 다른 학교로 가게 될 걸 생각하니까 약간 불안해요. 저 혼자만 있는 것 같은 느낌을 다시 받고 싶지 않아요.

졸업해도 앞으로 계속 연락할 건가요?

학생 10　전 그럴 거예요. 페이스북이나 문자 메시지 등으로요.

학생 5　네, 저도 모든 친구와 계속 연락할 생각이에요.

내향적인 영재 학생들의 속마음을 살짝 엿보면서, 그들이 외향적인 문화에서 성공하기 위해 노력하며 깨닫게 된 더 많은 어려움에 대해 알 수 있었다. 내향적인 아이들을 더욱 깊이 이해하고 그들을 돕기 위한 자기만의 방법을 만들 때 이들의 깨달음을 참고하기 바란다.

4

사회, 그리고
내향적인 아이들

사회동역학(social dynamics, 사회의 운동, 발전, 진보의 법칙을 추구하는 사회학의 한 분야-역주)이 내향적인 사람들을 위해 도전에 나섰다. 이 장에서는 내향적인 아이가 사회성 기술을 발달시키는 법, 자신의 자리를 찾기 위해 익혀야 할 것들을 포함한 사회동역학과 내향적인 사람들의 관계에 대해 살펴보려고 한다.

　지금의 문화에서는 흔히 친구의 수나 사회에서 상호작용하는 능력, 당면한 상황에서 스스로를 '판매'할 줄 아는 능력을 기준으로 삼아 그 사람이 사회적으로 성공을 거두었는지를 판단한다. 게다가 내향적인 자녀를 둔 부모조차 자신의 아이가 자기에게 가해진 사회적 압력을 이겨내지 못하면 실패했다고 생각하는 게 현실이기도 하다.

　이 장을 보면서 사회동역학, 그리고 사회에 자신을 맞추어야 한다는 압력에 대한 생각을 정리해 볼 수 있기를 바란다.

〈질문〉

사회동역학과 내향적인 사람에 대한 생각

1. 내향적인 우리 아이는 사회적으로 _____면을 잘한다(문장을 완성하시오).

2. 내향적인 우리 아이는 사회적으로 _____ 면에서 힘들어한다(문장을 완성하시오).

3. 내향적인 우리 아이에 대해 내가 사회적으로 가장 걱정되는 점은 _____ _____ 이다(문장을 완성하시오).

4. 나는 내향적인 우리 아이가 좀 더 사교적이면 좋겠다.

　　□ 그렇다　　□ 아니다

5. 내향적인 우리 아이는 자신을 많이 의식한다.

　　□ 그렇다　　□ 아니다

6. 위 문항에서 '아니다'라고 답한 경우, 내가 생각하는 가장 큰 장애는 _____ _____ 이다(문장을 완성하시오).

　　우리 아이에 대해, 그리고 아이의 사회성 발달에 대해 가장 걱정되는 점은 무엇이고, 사회성 발달 면에서 우리 아이의 가장 큰 장점은 무엇이며, 또 가장 큰 장애는 무엇인지 생각해 보자.

내향적인 아이들과
사회

"어떻게 해야 사회에 맞출 수 있는지 알아요. 힘들지만 왕따 취급을 당하는 것보다는 훨씬 나아요." ● 페드로(12세)

욕구와 기대 사이에서 균형을 잡기가 점점 어려워지고 있는 시대에 사회성을 발달시키는 일은 대부분의 아이들에게 힘든 일일 수밖에 없다. 특히 외향성이 우세한 문화에서 오해받기 쉬운 내향적인 아이들에겐 더욱 그렇다.

가만히 있어도 피해를 보는 사회

자기 말을 다른 사람이 듣게 하려면 사회적으로 적극적이어야 한다고 강요하는 사회, 적극적인 사람의 말을 들은 이가 듣지 못한

이보다 성공한 것처럼 보이는 사회에서 자신을 드러내지 않거나 조용한 사람들은 훌륭한 업적이 있음에도 거의 영향력을 발휘하지 못한다. 게다가 친구가 많고 유명인들의 사교 모임에 참석하는 능력만으로 찬사를 받는 사람들이 있는가 하면, 사교적인 면에서 자신을 잘 드러내지 않는 이에게는 '별로 중요하지 않은 사람'이라는 꼬리표가 붙기도 한다. 최근 들어 몇몇 책들을 통해 내향성의 힘이 인정받고 있기는 하지만, 인터넷에서 '내향성'을 검색해 보면 여전히 부정적인 단어로 규정된 제목들을 정말 많이 보게 되는 이유이다.

실제로 내향적인 아이들을 묘사하는 표현들을 보면 지나치게 자신에게만 몰두한다거나 혼자 있고 싶어 한다는 정도가 그나마 점잖을 뿐 경멸적인 느낌의 단어들이 많은데, 이 같은 묘사는 내향적인 아이들로 하여금 가만히 있어도 어쩐지 피해를 당한 것 같은 느낌을 갖게 한다. 또한 그들이 주저하는 마음을 이겨내지 못하거나 사교적인 성격을 발달시키지 못하면 사회에서 인정받지 못할 뿐만 아니라 영원히 뒤처지게 될 것이라고 생각하는 계기가 된다.

그러나 앞에서도 여러 번 강조했듯 실제로 관계를 훨씬 깊이 있게 발전시키는 능력이 있는 내향적인 아이들은 친구 관계를 맺는 데 장점이 많으며, 어른들 중에는 수줍어하지도 않고 냉담하지도 않은 사람도 많다. 필자의 경우, 관심을 가진 분야와 관련해서는 외향적인 친구들보다 더 오래 일을 하며, 여러 사람들과 친구 관계를 맺고 유지할 뿐만 아니라, 필자에게 필요한 것과 원하는 것을 아무 어려움 없이 분명하게 말한다. 물론 이런 기술은 내가 오랫동안에 걸친 학습을 통해 이뤄낸 것이지만, 내향성이 영구적인 문제를 발생시키는 것은 아니라는 점을 증명하는 사례이기도 한다.

그렇다면 내향적인 아이들에 대한 인식과 실제 모습 사이에 벌어진 이 같은 큰 간격을 어떻게 좁힐 수 있을까? 그 출발은 그들로 하여금 자기가 가진 내향성의 장점을 보게 하는 것에서부터 시작해 자기 기질의 장점에 집중하게 하면서 단점을 이해하고 넘어가도록 해야 한다. 그것은 에너지가 실제로 어느 정도나 남았는지, 그리고 어떻게 재충전해야 하는지를 알려줄 뿐만 아니라 건강한 습관을 계속 유지하게 하고, 일과 중 심신을 피곤하게 만들 가능성이 큰 일이 무엇인지를 알 수 있게 한다.

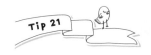

에너지가 소모되었을 때의 빠른 재충전 방법

- 정신의 휴식을 취한다.
- 잠깐 산책을 한다.
- 눈을 감고 생각을 맑게 한다.
- 소리 내어 웃는다.
- 일상생활에 변화를 준다.
- 상점에 가서 새로 나온 물건을 찾아본다.
- 드라이브를 한다.
- 친구와 다시 연락한다.

내향성의 장점을 보강하는 사회성 기술

그러나 현실적으로 아이가 자신의 내향성을 편안하게 느끼는 것만으로는 부족할 수 있으며, 필요할 때 외향적인 사람처럼 행동할 수 있는 능력을 길러주면 더욱 도움이 된다.

이 문제로 상담했던 한 가족이 있다. 연극을 좋아하는 아들을 둔 집으로, 실제 공연을 하는 동안에는 아무 어려움 없이 관객 앞에서 편하게 연기하는 아들이 리허설만 하면 무척이나 애를 먹는다는 것이었다. 아이는 오랜 리허설 시간 동안 계속해서 이어지는 서로 간의 상호작용 때문에 기운이 빠지면서 나중에는 좌절감까지 느끼게 될 정도였는데, 그러다 보면 간혹 집에서 감정이 폭발하기도 했다. 상담 과정에서 필자는 아이가 리허설 동안에는 한 번도 자기 말이 연극반 친구들에게 '들린다'는 느낌을 받은 적이 없다는 사실을 알아냈다. 물론 한두 번 의견을 제시한 적은 있지만, 외향적인 친구의 큰 목소리 때문에 자기의 말이 먹히지 않는 것처럼 생각된 후부터는 발언을 포기했다고 한다.

필자는 아이가 자신의 의사를 분명하게 밝히는 능력을 갖추어야 한다고 판단하고, 먼저 한두 사람 앞에서 말하는 것으로 시작해 듣는 사람의 수를 점차 늘려가는 방법을 활용하여 많은 사람들 앞에서도 당당하게 발언할 수 있도록 만들어주었다. 〈TIP 22〉는 내향적인 아이가 자기 의견을 주장할 때의 태도이다.

현재의 사회에서 내향적인 아이들이 성공하기 위해서는 필요한 몇 가지 사교성 기술이 있다. 북적대는 사람들 사이에서 그들이 자신의 말을 듣게 하는 능력 및 대화법, 자신을 보게 하는 능력, 단체 안에서 협력하는 능력이 그것인데, 이런 기술들을 익히면 내향적인 아이의 능력에 매우 긍정적인 영향을 줄 수 있다. 게다가 에너지도 조절할 수만 있게 된다면 충분히 자신의 목표를 이룰 수 있다.

　　〈표 7〉에는 내향적인 아이들이 이런 기술을 익힐 때 많이 부딪히는 장애와 그것을 극복하기 위한 방법을 설명해 놓았다. 외향적인 사회성 기술을 익힌다는 말이 내향적인 아이에게 무슨 문제라도 있는 것처럼 들릴지 모르지만 전혀 그렇지 않다. 그냥 내향성의 장점을 보강하기 위해 일정한 사회성 능력이 필요하다는 뜻일 뿐이다.

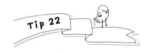

Tip 22

자신의 의견을 말할 때의 대화법

- 공손히 말한다.
- 자기 입장을 분명하게 말한다.
- 자기감정을 조절한다.
- 문제 제기에 그치지 않고 해결책도 제시한다.
- 다른 사람의 말을 끊지 않고 잘 듣는다.
- 논쟁하지 않는다.
- 융통성 있게 행동한다.

〈표7〉 사회성 기술 다시보기

기술	잠재적 장애	해결책
대화기술	대화를 시작하기가 어렵다.	친구와 연습한다.
이완	압도당하면 힘들다.	스트레스가 없을 때 기술을 연습한다.
융통성	안전하다는 느낌을 위해 일상과 체계가 필요하다.	매일의 일상을 자발적으로 하게 한다. 문제해결기술을 가르친다.
고요한 내면	자신의 하루에 대해 끊임없이 생각한다.	매일 침묵 또는 명상의 시간을 갖는다.
유머	너무 진지해지는 경향이 있다.	소리 내어 웃을 기회를 찾는다.

반면, 내향적인 사람이 사교적이 되기 시작하면 내면의 소리와 자신을 잊어가며 지나치게 사교적이 되려는 경향이 나타나기도 하는데, 이때 균형을 잡을 수 있어야 한다. 모임이 너무 많고 소란스러운 환경에서 외적으로 사교적인 일을 지나치게 강조하다 보면 내향적인 사람은 여지없이 심신이 지치게 되고 행동에 어려움이 생길 수밖에 없다. 따라서 내향적인 아이가 사회를 경험해 나가는 과정을 잘 살피면서 주의를 기울여야 한다.

친구에게 상처 받는 아이들

내향적인 아이들에 대한 사교적인 상호작용에서 친구 관계라는 주제를 빼놓는 것은 제대로 된 이야기 시간이 아니다. 필자의 메일

함에는 코칭을 받는 아이의 부모로부터 "우리 아이에게 친구가 충분히 많은가요? 아이가 세상에 나가서 불이익을 당하지 않을 만한 사회성 기술을 대체로 갖추었나요?" 등 이런저런 질문들이 아주 많이 쏟아져 들어온다. 하지만 내가 듣고 싶은 질문은 "우리 아이에게 친구가 충분히 많은가요?"가 아니라 "우리 아이에게 가까운 친구가 있나요? 우리 아이가 친구 관계로 인해 좋아지고 있나요?"이다.

누구나 한 번쯤은 생활 속에서 기운 빠지게 하는 친구 관계를 경험해 보았을 것이다. 이런 일은 아이들에게도 일어나는데, 외향적인 아이들은 그런 부분에 대해 별 걱정 없이 이 친구, 저 친구로 옮겨 다니기 때문에 그에 대한 스트레스를 거의 받지 않지만, 한 번에 많은 친구를 만들지 않는 내향적인 아이들은 그런 관계로 인해 유대가 약해지게 되면 상실감을 갖게 되기도 한다. 또 그 이후부터는 만나는 모든 친구에 대해, 특히 갑자기 관계가 시들해진 친구에 대해 분석을 하려고 한다. 따라서 아이에게 친구를 만들라고 격려해 주는 일도 중요하지만, 일생에서 친구 관계는 생겼다가 없어지기도 한다는 것을 이해시키는 것 또한 중요하다.

덧붙여 인생은 언제든 바뀔 수 있다는 점을 알게 하는 것도 내향적인 아이에게 어린 시절 친구 관계의 일시성을 이해시키는 하나의 방법이다. 그들은 우정을 보는 시각도 다른 많은 외향적인 아이들과 다른데, 그런 점에서 선천적으로 깊은 관계를 맺는 그들의 능력은 발달시키고 존중받아야 한다.

교사로서 학생과 관계 맺기

교사들 대부분은 존중과 동기가 학습에 미치는 영향을 잘 알고 있기 때문에 교실에서 그것을 가르치고 높일 방법을 늘 찾을 수밖에 없는데, 그 존중과 동기는 특히 내향적인 학생에게는 매우 중요한 부분이다.

교실환경이 안 좋아 내향적인 학생의 자부심과 전체적인 회복탄력성 발달을 북돋우지 못한다 하더라도, 그들의 성적을 향상시키고 건전한 자부심과 자기옹호력을 발달시키기 위해 교사가 당장 할 수 있는 일이 있다. 그것은 학생들의 다양한 기질과 그것이 전체 성적에 미치는 영향을 충분히 이해했다면, 학생과 관계를 맺는 데 집중하는 것이다.

교사와 개인별, 그리고 모둠별로 이루어지는 학생과의 관계에서는 벌보다 칭찬을 많이 하는 게 좋은데, 칭찬을 할 때는 구체적으로 해야 한다. 칭찬을 위한 칭찬은 동기부여나 훈육에 전혀 효과가 없으므로 성적 또는 행동과 연결시켜 칭찬하되, 특히 내향적인 학생에게는 개별적으로 하는 것이 좋다. 많은 사람 앞에서의 칭찬은 자신에게 쏠리는 관심에 신경 쓰느라 칭찬의 긍정적인 효과를 없애 버릴 수도 있기 때문이다.

교실의 규율과 체계는 고려해야 할 또 다른 중요한 부분으로, 내향적인 학생들은 크고 격앙된 목소리나 공개적인 벌에는 수정반응을 보이지 않는 경우가 많다. 그것을 수치스럽게 여기고 참지 못하기 때문에 오히려 무반응으로 대처하는 것이다. 그러므로 벌도 칭찬과 마찬가지로 혼자 불러서 주어야 하며, 교사 자신의 감정 상태에 주의하면서 교실 분위기를 지나치게 엄하거나 치열하게 만들지 않도록 해야 한다.

마지막으로, 대화를 지배하거나 상대적으로 적극적인 학생이 있는지, 떨어져 있고 움츠리고 있는 다른 학생들은 없는지 잘 살펴야 한다. 이런 모습이 나타나는 것은 학생들이 교사의 의도대로 교육되고 있지 않다는 의미로 해석할 수 있으므로, 그것을 지표로 삼아 교실 전체의 필요를 좀 더 효과적으로 충족시킬 방법을 찾고 균형을 잡아야 한다. 그렇게 되면 교실은 모든 학습자에게 알맞은 교육 장소가 될 것이다.

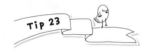

학생을 잘 키우는 교실

- 학업의 모험 감수를 권장할 수 있는 안전한 환경을 조성한다.
- 학생의 기질을 안다.
- 학생과 관계를 맺는다.
- 초점을 과정에 먼저 두고 숙달은 그다음으로 맞춘다.
- 기대와 행동 조절을 일치시킨다.
- 성과 위주의 피드백을 자주 준다.
- 왕따나 공격성 등이 감지되면 최대한 빨리 대처한다.

사회동역학에 관하여

우리 아이는 친구가 많은가? 사회에 나가 제 몫을 할 수 있을까? 이런 사회성과 관계된 의문들은 모든 부모가 궁금해 하는 것으로, 필자가 이와 관련해 받은 질문들을 한데 모아 다음의 다섯 가지로 요약해 보았다. 이 질문과 답을 통해 내향적인 자녀의 사회성 발달을 기르고 지원해 줄 구체적인 방법을 더욱 잘 알 수 있게 되길 바란다.

Q. 우리 딸은 친구가 하나도 없는 것 같아요. 내향적인 아이들은 대부분 이런가요?

A. 부모들은 흔히 자녀의 친구 수, 친구들과 연락을 주고받는 횟수에 대해 관심이 많습니다. 그러나 대부분의 내향적인 아이에게는 친구들과 교제하는 시간만큼이나 혼자 있는 시간도 필요하다는 사실을 이해해야 합니다. 학교에서 매일 6~7시간 동안 많은 친구들 사이에서 지내고 난 내향적인 아이들은 혼자서 에너지를 재충전할 시간이 필요한 때가 있습니다. 이런 모습을 보고 친구가 없는 것으로 오해하지 마십시오. 대개 내향적인 아이들은 의지할 수 있는 가까운 친구가 몇 명씩은 있습니다. 바쁜 하루 또는 힘든 일주일을 보내고 며칠 동안 혼자 있고 싶어 한다고 해도 전혀 놀랄 일이 아닙니다.

Ⓠ 각각 다른 기질의 아이를 어떻게 서로 이해하게 할 수 있을까요?

Ⓐ 내향적인 아이와 외향적인 아이가 상호작용할 때 서로의 의도를 오해하여 다툼이 일어나는 일이 가끔 있습니다. 서로 공통된 입장을 찾기가 어려울 때 그렇지요. 하지만 사실 두 기질은 서로에게 필요한 것을 줄 수 있습니다. 내향적인 친구는 깊은 관계를 맺을 기회를 줄 뿐만 아니라 느긋해지면서 인생에 대해 좀 더 깊이 생각하는 법을, 외향적인 친구는 행동할 기회를 제공합니다. 가만히 있는 것을 몹시도 불편해하는 외향적인 아이는 내향적인 친구에게 조금 덜 생각하고 잊어버리기도 하면서 생활을 즐기라고 가르치는 것이죠. 그런 면에서 부모는 두 기질의 아이를 서로 좀 더 깊이 이해하도록 이끌어줄 수 있는 아주 좋은 위치에 있습니다.

Ⓠ 내향적인 아이가 '그냥 수줍어하는' 것이 아니라 세상을 '다르게 보는' 것이라는 사실을 타인들에게 어떻게 이해시킬 수 있을까요?

Ⓐ 이 질문은 사실상 기질에 대한 자세한 내용을 다른 사람들에게 이해시켜야 할 필요성을 요구합니다. 부모가 내향성의 특징을 다른 사람에게 설명할 때 앞에서 살펴본 표와 TIP 등을 이용해 필요한 내용을 알려주고 그 차이를 설명해 주세요. 가족과 다른 사람들에게 수줍음은 누구나 가질 수 있는 성격의 일부분이며, 내향성은 선천적으로 두뇌의 고정배선과 관련이 있는 것이라는 사실을 알려주는 것이 기질의 기초를 설명하는 좋은 방법입니다.

Q 내향적인 아이들에게 도움이 된다고 하신 '외향적'으로 보이는 기술과 내향적인 아이를 돕는 법에 대해 좀 더 자세히 말씀해 주세요.

A 모든 사람, 특히 내향적인 사람 대부분에게는 어느 정도의 사회성 기술이 필요합니다. 여기서 사회성 기술이란 자신이 속한 사회 환경 안에서 편안하게 느끼면서 다양한 유형의 사람들과 대화할 수 있는 능력을 말합니다. 따라서 내향적인 아이에게는 사람들과 상호작용하는 법을 어릴 때부터 가르쳐야 합니다. 예를 들어, 음식점에 가면 자기 음식은 직접 주문해 보라고 권하거나, 친구들과 함께 모여 게임이나 만들기 등을 같이할 기회를 마련해 줌으로써 단체활동에 견딜 수 있도록 하는 것입니다. 덧붙여 대화를 시작하거나 사람들 사이에 끼는 것을 힘들어하는 아이에게 내향성의 장점과 단점을 솔직하게 말하는 법을 가르친다면 현대의 사회 환경에서 충분히 제 몫을 다하는 어른으로 자라는 데 부족함이 없을 것입니다.

Q 저는 교사입니다. 내향적인 학생들이 운동장에서 힘들어하는 모습을 봅니다. 어떻게 해야 그 아이들의 사회성 발달에 도움을 줄 수 있을까요?

A 교육의 다른 모든 영역과 마찬가지로 내향적인 아이를 대하는 방법에도 균형이 중요합니다. 그들에게는 학교에서 에너지를 재충전하면서 동시에 사회성 능력을 제고할 기회를 주는 것이 중요합니다. 내향적인 아이가 사회동역학 부분에서 완전히 배제되게 놓

아두지 말고 운동장에서 잠시 벗어나 도서실이나 교실로 갈 수 있게 해주는 방식으로 약간 휴식을 취하게 해주세요. 이때 친구 한두 명과 같이 가라고 권하면 아이는 사회성을 발달시키면서 자기에게 필요한 휴식도 얻을 수 있습니다.

SUMMARY

- 내향적인 아이에게는 훌륭한 사회성 기술을 발달시킬 능력이 있다.
- 내향적인 아이는 많은 친구 관계보다 소수의 친구 관계를 깊이 있게 맺는 데 집중한다.
- 외향성이 지배적인 문화에서 내향적인 아이는 흔히 수줍어하거나 무관심하거나 사회 부적응자로 오해를 받는다.
- 내향적인 아이가 사회성 기술 몇 가지를 익히면 사람들이 흔히 하는 오해를 극복하는 데 도움이 된다. 이런 기술에는 많은 사람 사이에서 돋보이는 법, 대화술, 협력하는 법 등이 있다.
- 내향적인 학생은 사회적 접촉을 너무 많이 하면 기운이 빠지게 된다. 어떤 종류의 일이 에너지 소모가 가장 많은지 알아두는 것이 중요하다.
- 부모는 내향적인 자녀가 내향성과 관련된 자기 필요와 사회적으로 관계를 맺어야 하는 자기 필요 사이에서 균형을 잡는 데 중요한 역할을 해야 한다.

지뢰밭 통과하기

"맞아요. 제가 놀림을 받은 건 너무 조용하기 때문이에요. 정말 싫었죠. 하지만 대부분의 친구들이 절 이해하지 못한 것뿐이에요." ●대니얼(8세)

사회동역학 분야에서도 갈등 해결이나 분노 조절, 물리적인 폭력, 왕따 문제 등에 대해서는 더 깊게 생각해 보아야 하는데, 먼저 두 기질의 아이들의 갈등에 대한 반응 차이를 이해해야 한다.

기초적인 갈등의 해결

내향적인 아이는 타고난 고정배선에 기인하여 이해와 평화를 바라는 욕구로 인해 보통 침잠하는 방식으로 갈등을 피하는 반면, 자연스럽게 싸움 또는 도주반응을 보이는 외향적인 아이들은 갈등에 끼어들어 공격적인 반응을 보인다. 이처럼 외향적인 아이와 내향적인 아이의 욕구가 서로 반작용을 일으키면 사회적 교환의 균형이 깨질 뿐만 아니라 상황이 매우 악화될 수도 있다. 물론 내향적인 아이들끼리의 갈등에도 감정의 강도가 다르면 조화가 깨지고 스트레스와 좌절을 증가시켜 서로 부정적인 행동을 하게 될 수 있다.

어떻게 하면 이처럼 일반적으로 겪게 되는 사회적 어려움을 더 잘 헤쳐나가는 데 필요한 능력을 갖게 될 수 있을까? 필자는 내향적인 아이에게 자기감정의 본성(本性)을 이해시키고, 어떤 감정이 자신에게 어떻게 영향을 주는지 인식하게 하는 것부터 시작해야 한다고 생각한다. 또한 다른 사람의 감정이 자신에게 미치는 영향까지 이해할 수 있다면 아이가 타인의 감정에도 휩쓸리지 않고 갈등을 처리하는 방법을 익힐 수 있다.

발전 가능성이 큰 IT 회사에 다니는, 외향적인 두 딸을 둔, 내향적인 엄마는 직장에서 지친 상태로 집에 돌아오면 한창 말싸움 중인 두 딸과 만나게 된다. 격한 감정을 조절할 수 없는 그녀는 두 딸에게 고함을 지르며 타오르는 불에 기름을 끼얹고, 집에서는 마치 제3차 세계대전이라도 일어날 듯 분위기가 악화된다.

어떤가? 많이 들어본 이야기 같지 않은가? 필자와 상담했던 대부분의 부모는 어떤 식으로든 이와 비슷한 경험이 있을 것이다. 하지만 사실 귀가하기 전에 엄마가 잠깐이라도 재충전할 시간을 갖고, 두 딸의 말싸움에 감정을 개입시키지 않으며, 세 사람 모두 잠깐의 여유 시간을 가지면 상황이 벼랑으로까지 치닫지는 않는다.

반면, 온갖 노력을 기울였음에도 갈등은 생길 수가 있는데, 그럴 때 기운을 더 빼지 않고 갈등을 헤쳐나가는 방법은 아이에게 다른 사람의 말에 귀 기울이고 타협하는 법을 가르치는 것이다. 까다로운 갈등 상황은 대부분 그런 식으로 해결될 수 있다.

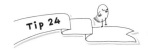

Tip 24 기초적인 갈등 해결 기법

- 냉정을 유지한다.
- '나는 ~하는 기분이다'라는 문장을 써서 문제를 진술한다.
- 상대방에게도 그의 관점에서 문제를 진술하라고 얘기한다.
- 비난을 하거나 창피를 주지 않는다.
- 문제의 해결책을 브레인스토밍한다.
- 해결방법을 정하고 계획을 세운다.
- 문제의 해결을 도와준 사람에게 감사 인사를 한다.

분노를 분산시키는 방법

때로는 상황이 아주 복잡해져 아이가 문제를 해결해 보려고 하는 속도보다 빠르게 악화하기도 하는데, 이럴 때는 분노나 다른 부정적인 감정이 통제 불가능한 상태로까지 치닫는 경우도 있다. 따라서 아이가 스스로 냉정을 되찾고 분노를 분산시키는 방법을 알고 있는 것이 중요하다. 내향적인 아이에게 〈TIP 25〉를 가르치고 연습시키면 친구 사이에 생길 수 있는 극심한 갈등을 어느 정도는 피하게 할 수 있는데, 아이에게 이 같은 구체적인 방법을 알려주고 갈등 상황에서 치솟는 격한 감정의 근원을 알게 하는 것은 사회동역학을 더 분명하게 이해시키는 좋은 방법이다.

분노의 분산 방법

- 무엇이 내 감정을 건드리는지 파악한다.
- 심호흡을 하고 생각을 멈춘다.
- 열까지 센다.
- 지나친다.
- 화가 날 때마다 그것을 배출해도 괜찮은 믿을 수 있는 사람을 찾는다.

내향적인 아이의 왕따 대처법

분노가 감정이라면 공격은 행위로, 서로 밀접한 관계를 이루고 있다. 공격은 일반적으로 다른 사람을 지배하기 위한 강압적인 행위인데, 이 시대의 학교가 직면한 아주 어려운 사회 문제 가운데 하나인 왕따의 전형적인 요소라고 할 수 있다.

외향적인 학생일 수도, 내향적인 학생일 수도 있는 왕따의 가해자는 피해자를 힘으로 제압하려는 의도로 다방면에 걸쳐 사실상의 공격적인 행위를 한다. 왕따는 학교 안에서나 온라인상에서 피해자를 모욕하고 험담하는 언어폭력이 대부분으로 이루어지지만, 무시와 격리라는 또 다른 형태를 통해 사회관계를 공격하는 관계에 의한 폭력도 있으며, 재물 손괴 및 신체 공격 등의 물리적인 폭력의 유형도 있다. 그렇지만 왕따 문제는 종류를 불문하고 피해자의 자긍심과 안전감을 떨어뜨릴 뿐만 아니라 자살로까지 내모는 등 사회적으로도 큰 비용을 초래한다.

공격과 갈등 앞에서 침잠해 버리고 사람들이 아주 매정하다고 생각하면서 힘들게 시간을 보내는 내향적인 아이에게 이러한 왕따에 대처하는 법을 가르치는 일은 어쩌면 매우 힘들지도 모른다. 때문에 사람들이 늘 공평하거나 친절하게 행동하지는 않는다는 사실

Tip 26 왕따 대처법

- 먼저 자녀에게 무엇이 왕따이고 왕따가 아닌지를 분명히 설명하여 이해시킨다.
- 학교에서 왕따 신고를 익명으로 처리하는지를 알아본다. 만약 익명 신고를 받는다면 아이가 익명으로 신고하게 하고 그렇지 않다면 다음과 같이 한다.
  - 학교의 허락을 받아 '안전'하게 이야기할 수 있는 시간을 정한다.
  - 아이에게 왕따 사건이 있으면 항상 신고하라고 권한다.
- 아이가 왕따 피해자라면 그것의 부정적인 영향을 흘려보내는 법을 가르친다.

을 알려주면서 내향적인 아이로 하여금 왕따에 대처하는 의연한 마음가짐을 갖도록 해야 한다. 덧붙여 왕따의 의미를 이해하는 것만큼이나 자신이 왕따가 될 이유가 없다는 것도 알고 있어야 한다. 또 누군가에게 왕따 행위를 알려야만 하는 이유를 꼭 주지시켜야 한다. 그래야만 피해자나 목격자로서 느끼는 수치심을 버리고 스스로 조치를 취할 때 안전하다는 느낌과 권리를 되찾을 수 있다.

가해자가 피해자에게 지배력을 행사하고 피해자는 무력감을 느끼게 되는 왕따 행위는 고의성, 공격성, 지배력의 세 가지를 갖춘 것으로서, 아이가 미래에 겪게 될지도 모르는 일반적인 사회적 어려움의 범주나 학교에서 언제든 일어날 수 있는 비웃음, 또래 사이에서 생기는 단순한 갈등을 훨씬 넘어서는 문제이다.

따라서 왕따의 피해자나 가해자나 모두 그 일로 인해 발생된 모든 문제에서 회복하는 법을 알고 있어야 하는데, 이미 이 책 곳곳에 소개한 내향적인 아이에게 필요한 스트레스 관리법, 대처법, 개선법, 감정적 장점과 회복탄력성을 기르는 법 등을 활용하면 아프고 부끄럽다는 부정적인 감정을 극복할 수 있을 것이다. 우리의 아이들에게는 상실된 안전감을 스스로 되찾을 능력이 있다. 어른들은 그저 아이에 대한 믿음을 갖고 그 일에 함께하기만 하면 된다.

학교에서 포용력 가르치기

앞에서 설명한 PBIS 모델을 활용하면 서투른 사회적 상호작용과 왕따로 인해 학교에서 일어날 수 있는 문제를 예방하는 데도 도움이 된다.

그 외에 교사가 교실을 친사회적으로 증진시키면서도 안전하게 만들 수 있는 또 다른 방법은 포용력을 가르치는 것인데, 다양한 문화에 대한 인식을 높이게 되면 고정관념을 극복하고 아이들이 자신과 친구들의 다른 점을 이해하면서 포용할 수 있게 된다. 또 학문과 사회경제적 다양성을 촉진시키는 것도 포용력 향상에 기여한다. 〈TIP 27〉에는 오늘날 다문화 세상의 교실 안에서 포용력을 기르는 방법들을 요약해 놓았다.

문화행사, 감수성 훈련, 다양성에 대한 인식은 왕따 반대 프로그램과 함께 모든 학생에게 더욱 안전감 있는 학교 분위기를 촉진시킨다. 학교에서 이런 방법들을 직접 시도해 보는 것은 어떨까?

포용력 기르기

- 교실환경을 안전하게 만드는 것부터 시작한다.
- 다양성과 문화적 인식의 차이를 받아들인다.
- 감수성 훈련과 문화행사를 교육과정에 포함시킨다.
- 학생들에게 친사회적 행동을 가르친다.
- 자신의 의견을 포함하여 고정관념을 잘 조절한다.

사회성 발달 외에 필자와 상담했던 많은 부모가 걱정하는 문제는 왕따, 갈등 해결, 분노 관리 문제였다. 다음의 질문들은 내향적인 아이가 자기 감정을 조절하고 왕따와 다른 사회적 딜레마에 대처하려고 할 때 맞닥 뜨리게 되는 어려움에 초점을 맞춘 것이다.

Q   우리 아들은 친구들에게 많이 당하는 편인데, 그러다가 갑자기 덤 벼들곤 합니다. 그 결과 좌절감이 깊어져서 안 좋은 행동을 하고, 그래서 또 곤란을 당하기도 하지요. 부모로서 이런 상황에 있는 아 이를 어떻게 도와줄 수 있을까요?

A   내향적인 아이들은 일반적으로 화를 내기까지 오래 걸립니다. 외 향적인 아이들과 달리 좌절감을 터놓고 표출하지 않고 내면에서 처리하려는 성향 때문에 다른 사람으로 인해 괴로워하는 모습을 보이지 않다가 나중에 가서야 울화통을 터뜨리게 되는 것이지요. 이를 조절하는 한 가지 방법은 정서 관련 어휘의 사용을 늘리거나 자기감정에 대해 이야기하는 것입니다. 감정에 대해 말하는 법과 표현방법 및 이야기할 대상을 알게 되면 스트레스를 많이 받을 때 스스로를 조절하는 법을 익힐 수 있습니다. 내향적인 아이가 자기

감정을 관리하게 만드는 또 다른 방법은 일기 쓰기를 포함한 글쓰기를 통해 아이가 자신의 감정 자아와 접촉을 유지하도록 가르치는 것입니다. 아이가 과도한 스트레스를 받기 전에 자기감정을 조절하도록 가르치는 일은 어른들이 아이에게 줄 수 있는 최고의 선물입니다.

우리 아이가 갈등에 빠져 있을 때 사회적 상호작용을 도와주기 위해 어떤 것을 가르쳐야 할까요?

앞에서 말했듯 대부분의 내향적인 아이는 전염병이라도 되는 듯 갈등을 피합니다. 다른 사람이 말할 때 방해하거나 대립함으로써 창피를 무릅쓰는 것을 꺼리기 때문에 갈등의 해결책을 찾는 대신 흔히 아무 말도 하지 않고 문제를 내면에서 처리하는 것으로 마무리를 짓는 것입니다. 따라서 먼저 모든 사람이 화가 나 있으면 절

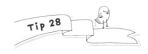

Tip 28

정서 관련 어휘 사용 늘리기

- 아이와 협력하여 어떤 행동이 어떻게 보이는지에 관해서 아이에게 자기감정에 대한 정의를 내려 보라고 한다.
- 각 감정을 표현하는 단어들을 찾아본다.
- 다시 그 단어의 정의를 내린다.
- 아이가 감정에 관해 이야기하지 못하면 단어를 힌트로 사용한다.
- 아이에게 자기감정을 솔직하게 이야기해 보라고 격려한다.

대 갈등을 해결할 수 없다는 사실을 아이에게 인지시키고, 휴식을 잠깐 취하며 진정한 후에 문제를 의논하라고 가르치십시오. 그리고 앞에 나왔던 갈등 해결 방법들을 활용하여 아이가 사회적으로 어려운 시기를 잘 헤쳐나갈 수 있도록 도와주세요.

Q 정말이지 내향적인 우리 딸에게 친구가 더 많았으면 좋겠어요. 잘못된 바람인가요?

A 아닙니다. 당연합니다. 부모는 늘 아이가 인생을 살아나갈 때 도움이 되는, 강하고 의지가 되는 친구를 사귀기를 원합니다. 하지만 친구의 수에 대한 걱정은 불필요하다고 생각합니다. 이것은 흔히 외향적인 부모와 내향적인 아이의 관계에서 발생하는 문제입니다. 친구들을 넓게 사귀는 외향적인 스타일과 깊게 사귀는 내향적인 스타일 중 어느 것이 친구 관계를 발달시키는 데 더 좋다거나 나쁘다고 말할 수는 없습니다. 중요한 것은 그 관계가 아이의 욕구를 충족시키는지, 자녀가 도움을 얻어낼 수 있을 정도로 의미 있는 친구 관계를 형성하고 있는지를 파악하는 것입니다.

Q 어떤 문화권에서는 내향성을 나쁘게 보지 않는다고 하던데 정말인가요?

A 그렇습니다. 실제로 어떤 문화권에서는 현대 사회에서 우호적으로 보는 외향성의 특질을 마뜩치 않게 여길 뿐만 아니라 오히려 자

신을 드러내지 않는 조용하고 차분한 특질을 존중하기도 합니다. 이처럼 문화에 따라 이상적인 기질이 다른 이유는 기질의 특질은 고정배선에 따라 결정되지만 그 특질이 존중되는가 하는 것은 특정 문화가 형성하고 있는 정의와 직접 관련이 있다는 점을 보여주는 예입니다.

Q 학교에서 왕따가 큰 문제로 대두되고 있는데, 외향적인 학생보다 내향적인 학생이 더 피해자가 되나요? 왕따를 줄이기 위해 교사로서 제가 할 수 있는 일로는 무엇이 있을까요?

A 피해자 면에서 볼 때 왕따는 무차별적입니다. 여기에 대해서는 대부분의 연구자가 동의합니다. 인종, 경제 패턴, 문화 패턴을 가리지 않습니다. 누구라도 왕따를 당할 수 있습니다. 왕따를 예방하는 비결은 적극적인 행동 중재와 지지에 초점을 맞추면서 아이들에게 안전한 환경을 마련해주는 것입니다. 친구가 없는 것처럼 보이는 아이, 갑작스러운 행동변화를 보이는 아이, 갑자기 다른 친구들을 피하는 아이들을 잘 살펴보세요. 그런 모습은 왕따의 신호일 수 있으므로 꼭 확인해야 합니다. 또한 아이들에게 자신이 목격하거나 경험한 왕따 행위를 알리는 법을 가르치십시오. 제때에 적절한 조치를 취하려면 아이들이 왕따를 당할 때 행동하는 법을 구체적으로 알아야 합니다.

● 내향적인 아이는 격한 감정을 표출할 때 많은 에너지를 소모한다.

● 내향적인 아이는 사회적으로 격한 상황에서 쉽게 창피해한다.

● 내향적인 아이가 갈등 관리 기술과 창의적인 문제해결기술을 익히면 사회적 어려움을 헤쳐나갈 때 큰 도움이 된다.

● 내향적인 아이가 정서 관련 어휘 사용을 늘리고 일기 쓰는 법을 익히면 어떻게든 자신의 감정에 대해 이야기할 수 있게 된다.

● 왕따는 모두의 문제이다. 하지만 내향적인 아이는 왕따에 대처하는 법을 배우는 것이 더 힘들 수 있다.

● 내향적인 아이에게는 경계를 정하고 잘 지키는 법을 배우는 것이 정말 중요하다.

● 포용력은 내향적인 아이들을 포함하여 모든 아이에게 안전한 환경을 조성하는 열쇠이다.

최신 기기의 활용과
내향성

"부모님께서 문자 주고받는 것을 허락하신 날, 전 드디어 다른 사람들과 연결된 것 같은 느낌을 받았어요. 문자가 음성통화보다 훨씬 쉽거든요."
● 아마니(14세)

창의성은 내향적인 사람 대부분이 타고나는 재능인데, 여기서 필자가 말하는 창의성은 예술이나 예술가의 노력 이상을 포함하는 넓은 의미의 창의성이다. 즉, 전통적인 개념과 생각을 넘어 옛것에서 새것을 만들어내는 능력, 바로 혁신을 가리킨다. 이는 어떤 내용이나 주제에도 모두 적용할 수 있으며, 실제로 유형 또는 무형의 새것이 만들어지는 모든 과정을 이야기하는 것이다. 작가인 줄리아 캐머런(Julia Cameron, 미국 시카고 출신의 소설가이자 시인, 시나리오 작가, 영화 감독, 작곡가 등으로 활약하고 있는 다재다능한 예술가—역주)은 창작과정을 고독, 침묵, 명상의 시간이 필요한 자연력(自然力)이라고 말했다. 우리가 지금까지 살펴본 내향적인 기질과 매우 비슷하지 않은가?

최신 기기의 활용과 창의성

창의성은 학교 활동이나 과외 활동을 통해서도 생길 수 있는 것으로, 창작의 길에 특히 잘 맞는 내향적인 아이에게는 균형 유지

Tip 29 창의성 기르기

내향적인 아이들은 다양한 영역의 창의적 활동에 특히 능하다. 따라서 독창적으로 표현할 수 있도록 함으로써 그들의 이런 선천적인 장점을 강화시키고 발전시킬 기회를 주어야 한다. 다음은 창의성을 키워주는 일상의 활동들이다.

● 아이에게 새로운 장르의 책이나 미리 알아보지 않은 주제가 담긴 잘 모르는 책을 매일 시간을 정해 읽힌다.
● "또 뭐 없니?"라는 질문을 자주 한다.
● 아이에게 잘 아는 사물의 새로운 용도를 매일 다섯 가지씩 찾아보게 한다.
● 독창적인 낱말놀이와 퍼즐을 자주 한다.
● '창조' 상자를 만들고 그 안을 미술도구 등 여러 가지 사물로 채워 아이가 뭔가를 해야 할 때마다 상자 안에서 꺼내게 한다. 흔한 비디오 게임이나 TV 프로그램보다 더 큰 재미를 느낄 수 있다.
● 자녀가 새로운 게임을 원할 때 직접 게임을 만들게 한다.
● 자녀가 독창적으로 생각하고 행동할 수 있는 방법을 찾는다.

를 위해 창조적인 명상의 기회가 필요하다. 내향적인 아이에게 혼자 있을 시간이 필요한 것 못지않게 창의적으로 생각할 시간도 필요하다는 말이다. 〈TIP 29〉에 내향적인 아이의 생활에 창의성을 포함시키는 전통적·비전통적 방법들을 제시했다.

창의성은 탐구심만 있으면 키울 수 있으므로 아이에게 세상의 여러 가지 일들에 대해 물어보고 관심 있는 분야에 대해 더 깊이 알아보라고 격려하면, 태어나면서부터 탐구심이 고정배선되어 있는 내향적인 아이들은 이를 어렵지 않게 수행한다. 자연스럽게 탐구심을 키우도록 교육받으면서 자란 필자의 딸과 그 친구들은 학교 가는 길에 하는 낱말 맞추기 놀이 같은 간단한 것에서부터 숙제와 과외 활동 등 모든 일에 창의성을 발휘한다.

앞에서 내향적인 아이에게는 어떤 체계와 예측 가능한 일상이 필요하다고 말했는데, 이 두 가지가 아이에게 안전감을 주는 것은 사실이지만 동시에 창의력을 억누를 수도 있다. 따라서 그것과 동시에 아이가 자유롭게 탐구하고 무엇인가를 만들 수 있도록 아무 계획도 세우지 않은 별도의 시간을 아이에게 허락하는 것이 좋다. 그래야만 창작에 필요한 자유와 공간, 그리고 안전의 욕구 사이에서 균형을 잡을 수 있다.

기회의 확대를 위한 최신 기기 활용

창작과 혁신을 이야기하면서 최신 기기 사용이 내향적인 아이에게 미치는 영향에 대해 논하지 않을 수 없다. 현대의 최첨단 기술로 만들어진 최신 기기는 창의성 및 놀이시간의 질을 높여줄 수 있는 또 다른 도구 이상이라고 보아도 무방하다. 그중에서도 특히 외향적인 사람들이 많이 모였을 때 생기는 감정 에너지의 파장으로부터 내향적인 사람들을 보호해 주는 일종의 완충장치 역할을 한다.

SNS(Social Networking Service)나 문자를 주고받을 수 있는 기술의 발달에 따라 내향적인 사람이 과거 어느 때보다도 많은 사람과 관계를 맺을 수 있는 기회를 갖게 되었는데, 끊임없이 에너지가 소모되는 직접 대면과 달리 온라인 공간으로 연결되는 상황에서는 내향적인 아이도 많은 관계를 관리할 수 있고, 더 자주 만날 수 있으며, 이전에는 잘 알지 못했던 사회영역에서의 관계도 늘릴 수 있다.

최신 기기의 활용과 그 함정

이처럼 최신 기기의 활용이나 SNS 활동은 내향적인 아이들이 새로운 방식으로 관계를 맺을 수 있는 좋은 방법이긴 하지만 거기에는 중독성이 강하다는 점을 비롯한 맹점도 많다. SNS 활동의 영향에 대한 연구는 그리 오래 되지 않았지만 초우와 콘드론, 그리고 벨란드(Chou, Condron & Belland)의 연구 결과에 의하면 알코올이나 약물보다 중독성이 강할 수도 있다고 한다. 특히 내향적인 아이들이 대면 접촉을 통한 에너지 소모 없이 사회적 차원에서 갑자기 폭넓은 관계를 맺을 경우 궁극적으로 그 상황에 압도당할 가능성이 높다. 그것에 집중하면 혼자 있고 싶어 하는 욕구에 신경이 덜 쓰이기 때문이다.

따라서 SNS나 최신 기기가 아이에게 문제가 되는지를 알려면 먼저 아이의 온라인 활동 시간이 얼마나 되는지, 문자 메시지는 언제, 얼마나 주고받는지, 그 목적은 무엇인지를 살펴야 한다. 그리고 실제 대면 접촉 관계보다 온라인 관계에 쓰는 시간이 훨씬 많거나 최신 기기가 일상의 해야 할 일과 수면을 방해하고 있다고 판단되면 균형을 잡아야 한다.

물론 아이에게 안전한 온라인 활동을 가르친다고 해서 최신 기

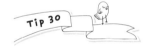

최신 기기의 함정에 빠지지 않는 법

- 아이로 하여금 온라인뿐만 아니라 현실에서의 대인관계도 중시하게 하라.
- 밤에는 컴퓨터와 휴대폰, 태블릿 등의 전원을 끈다.
- 한 달에 하루, 온 가족이 인터넷을 사용하지 않는 날을 정한다.
- 차를 타고 가면서는 문자 메시지나 채팅, 이메일 주고받기를 자제시킨다. 부모가 먼저 본을 보여야 한다.

아이의 최신 기기 사용표

아이가 사용하는 최신 기기의 종류를 쓰고 그것을 왜, 그리고 얼마나 사용하는지를 적어 아래 표를 완성해 보자.

최신 기기의 종류	목적	사용량
컴퓨터		
아이팟		
태블릿		
휴대폰		
이메일		
문자 메시지		
SNS		

기 활용을 제한하라는 뜻은 아니다. 앞에서도 언급했지만 내향적인 아이들이 최신 기기를 접하고 활용할 때 얻을 수 있는 이점은 매우 많다. 그리고 좋든 싫든 우리는 최첨단 디지털 시대를 살아가고 있으며 아이들은 당연히 최신 기기를 사용하는 것과 온라인 활동에 익숙하다. 따라서 아이에게 안전한 온라인 활동에 대해 이야기만 할 게 아니라 우리 자신도 배워야 한다.

또 온라인상에 개인정보를 입력하는 순간 잠재 범죄에 노출되는 시대, 온라인상에 올린 글은 아무리 삭제해도 남는 시대를 안전하게 살아가기 위해서는 먼저 사생활 보호와 관련된 현실을 점검하고 아이들에게 그런 현실을 꼭 가르쳐야 한다. 아울러 웹사이트상의 사생활 보호 설정에 대한 교육을 받고 아이로 하여금 비밀번호를 자주 바꾸게 하는 것이 좋다. 이 모든 방법이 아이들의 안전한 온라인 활동에 도움이 된다.

온라인과 관련해서 걱정되는 일은 사생활 보호만이 아니다. 대면 관계와 다르게 상대방이 자신을 위장하거나 거짓말을 하는 등 속일 수도 있으므로 아이가 온라인에 접속하기 시작하면 그 점에 대해 설명하고 조심시켜야 한다.

최신 기기 - 위대한 균형 장치

필자는 교실 안에서의 교육에도 최신 기기를 활용하는 것이 좋다고 생각한다. 그것은 학생들로 하여금 새롭고 흥미진진한 방식으로 교과과정에 참여하게 만들 수 있으며, 내향적인 학생에게 사회적 관계를 통해 자극을 너무 많이 받지 않으면서도 창의성을 높이고 관계를 쌓을 수 있는 장을 제공하기 때문이다.

태블릿상의 어플리케이션이나 프레젠테이션 등을 위한 툴 등의 사용은 이미 요즘의 교육환경에서는 흔히 볼 수 있으며, 내향적인 학생은 이런 기기나 툴을 활용하여 수업 자료에 연결하고 수업 내용을 이해하고 있다는 것을 보여줄 수 있을 뿐만 아니라 수업 내용과 관련하여 깊이 탐구할 수도 있다.

최근에 필자는 이를 더욱 창의적으로 활용한 예를 보았는데, 그것은 학생들이 온라인에 안전하게 접속하고, 중요한 대화에 참여하고, 공부한 내용을 입증할 수 있는 학급 블로그였다. 블로그나 그와 유사한 토론방은 내향적인 학생에게 완충역할을 하며, '직접적인' 사회적 상호작용에서 생겨날 수 있는 에너지 이동의 악영향을 어느 정도 막아주면서도 그들이 학교생활을 잘하기 위해 필요한 의미 있는 관계를 맺을 기회도 부여한다. 또한 개인 혁신의 맥락 안에서 공동 협력을 가능하게도 해주는데, 이 역시 내향적인 학생에게는 무척이나 잘 된 일이다.

독립심 기르기에 관하여

세상의 모든 부모는 자녀가 강하고 독립적인 성인으로 성장하길 바란다. 독립심 기르기는 어린 시절부터 시작되어 시간의 흐름에 따른 경험을 통해 이루어진다. 다음은 전반적인 독립심과 자립심 발달에 영향을 줄 수 있는 일반적인 우려 사항에 대한 질문을 정리한 것이다.

Q 저는 그동안 우리 아들에게 문제가 있다는 사실을 잘 몰랐다가 큰 문제로 비화된 후에야 알게 되었습니다. 어떻게 해야 아들이 자기감정을 더 잘 이해하고 표현하게 할 수 있을까요?

A 대부분의 내향적인 아이들은 자기감정을 참으며 자기를 괴롭히는 문제에 대해 이야기하기를 거부하다가 결국 폭발하게 되는데, 이때는 부모가 개입하기에 너무 늦은 시기입니다. 그러므로 지금을 기회 삼아 앞으로 그런 일이 일어나지 않도록 아들에게 자기감정을 깨닫고 조절하는 법을 가르치는 데 관심을 두십시오. 아이 스스로 자기감정을 관리하는 법을 익히는 것이 자녀의 성장과 발달에 꼭 필요합니다. 이를 통해 아이는 감성지수를 높이고 자아성찰 등 내향성의 긍정적인 특질들을 강화할 수 있습니다.

Q 내향적인 아이가 자신이 얼마나 대단한 사람인지를 깨닫게 해주고 싶습니다. 가장 좋은 방법은 무엇입니까?

A 내향적인 아이들은 흔히 실수를 하면 다시는 실수를 반복하지 않으려는 마음에서 실수에 대해 지나치게 많이 생각하고 거기에만 집중하는 경향이 있습니다. 따라서 그것에서 벗어나 자기 스스로에 대해 긍지를 갖게 하려면 자신의 긍정적인 자질에 집중하는 시간을 갖게 하고 자신의 장점을 써보게 하는 등의 방법을 취하는 것이 좋습니다. 또 아이가 잘한 일이 있으면 꼭 칭찬해 주어야 하며 아이의 존재 자체를 무조건 깊이 존중한다는 메시지를 꼭 전해야 합니다. 이런 것들이 지속되면 내향적인 아이의 긍정적인 자존감을 강화시켜 주게 될 것입니다.

Q 내향적인 동생이 외향적인 언니와 항상 비교하는데, 동생의 자존감이 낮아질까 걱정입니다. 제가 어떻게 도울 수 있을까요?

A 형제자매간의 비교는 보통 있는 일이므로 꼭 문제가 되지는 않습니다. 하지만 질문자의 경우 명심해야 할 것은 두 아이를 비교하며 언니의 경쟁의식을 부추기지 않도록 조심해야 한다는 것입니다. 그렇게 되면 자매 사이에 불화가 생기고 가족 사이에 긴장만 감돌 뿐입니다. 두 아이와 각각 따로 시간을 보내며 서로 친밀한 느낌을 발전시켜 가면서 가족 간 관계를 확대해 보면 내향적인 동생이 자기만의 장점을 볼 수 있을 것입니다.

Ⓠ 내향적인 사람은 통신(문자 메시지 전송, 채팅, 카카오톡 같은 인스턴트 메시지 등)에 더 능하다고 들었습니다. 사실입니까? 왜 그런가요?

Ⓐ 내향성과 최신 기기 관련 연구는 아직 걸음마 단계에 있습니다. 한 가지 확실한 것은 문자 메시지와 채팅 덕분에 은둔자에서 사회성 좋은 사람으로 변모할 수 있다는 사실입니다. 저와 내향적인 우리 아이도 직접적인 사회적 상호작용에 수반되는 에너지 소모가 전혀 없이 채팅과 문자 메시지를 통해 예전에는 할 수 없던 방식으로 사람들과 연락할 수 있게 되었으니까요. 게다가 연락하는 빈도도 잦아지고 기간도 길어졌습니다. 내향적인 사람들을 주로 상대하는 제가 볼 때 이런 패턴은 그들에게도 마찬가지일 것으로 생각됩니다. 유일한 약점은 이를 과도하게 이용하다가 균형을 잃고 힘들어할 수도 있다는 것입니다. 균형을 잡아야 합니다.

Ⓠ 우리 아들은 정말 독창적이에요. 또 내향적이기도 하고요. 그런데 자기 작품의 대부분을 다른 사람에게 보여주지 않으려고 해요. '별로'라면서요. 어떻게 해야 다른 사람에게 자신 있게 보여주면서 실력을 쌓아갈 수 있을까요?

Ⓐ 우리가 익히 알고 있는 완벽주의의 함정에 빠져 있군요. 특히 창의적이고 내향적인 사람들에게서 많이 나타나는 문제입니다. 이들은 자기 작품에 대해 지나치게 심사숙고하지요. 사실 작품을 보여주고 안 보여주고는 그리 중요하지 않습니다. 다만, 내면에서 속

삭이는 비판의 소리를 줄여야 합니다. 먼저 아들에게 창작의 과정을 말하게 하면서 자기 내면에 있는 예술적 재능을 깨닫게 하십시오. 그리고 앞에서 얘기한 완벽주의를 극복하는 방법을 가르치면 아이는 자신감이 높아지게 되고 실력의 향상도 자연히 따라오게 될 것입니다.

Q 저는 교사입니다. 정말로 학생들의 독립심을 키워주고 싶습니다. 내향적인 학생들에게 좋은 방법이 있을까요?

A 내향적인 아이들의 좋은 점은 원래 아주 독립적이라는 사실입니다. 거기에 더해 그들의 자율성을 강화하기 위해 교사가 할 수 있는 일이 몇 가지 있는데, 먼저 교실환경을 안전하고 예상 가능하게 만들고 일부 주제를 깊이 있게 공부할 수 있도록 약간의 자유를 주는 것입니다. 내향적인 아이들은 관심이 많은 내용을 좀 더 깊이 있게 공부해도 좋다는 허락을 받았을 때 능력 발휘를 잘합니다. 또 교육과정에 창의성을 포함시키고 최신 기기를 활용해 창의성을 실현할 수 있도록 해주면, 교육과정과 상호작용을 잘하는 내향적인 학생의 독립심과 창의적 사고력을 강화해 줄 것입니다.

- 자신에게 솔직해지기는 어느 아이에게나 어려운 일이다.

- 회복탄력성의 발달과 이해력은 자아실현의 초석이다.

- 내향적인 아이들은 최신 기기를 통해 사교적이 될 가능성이 커졌다.

- 내향적인 아이들에게는 최신 기기가 위험하기도 하다. 지나친 온라인 활동으로
  사회적 필요와 에너지 소모 사이에서 균형이 깨질 수 있기 때문이다.

- 부모와 교사는 아이들이 내면의 자아를 인식하는 데 중요한 역할을 한다.

- 창의적인 무대는 내향적인 아이에게 훌륭한 배출구가 된다. 그곳에서 자기 생
  각을 깨닫게 되기 때문이다.

부끄러움을 떨치고
자율적인 존재가 되다

필자는 교육분야에서 일하며 커리어를 쌓고 연수 워크숍을 운영하면서 많은 아이들과 함께하는 기쁨을 누렸다. 그중에서도 6년 전쯤 만난 한 소녀가 기억에 남는다. 학교생활에 무척이나 어려움을 겪고 있던 그녀는 감정폭발을 자주 일으킬 뿐만 아니라 등교조차 내켜하지 않았는데, 마침 필자가 그녀와 주기적으로 만나면서 기질에 대해 이야기하며 회복탄력성을 길러줄 수 있었다. 그렇게 거의 2년이 지나자 그녀는 감정폭발을 일으키는 일도 없어졌고 학교도 빠지지 않게 되었다. 그 후 여러 가지 사정으로 인해 만나지 못하다가 어느 날 한 포커스 그룹에서 그 소녀와 마주쳤다. 우리는 서로 그동안 어떻게 지냈는지 안부를 묻고 이야기를 나누었는데,

다음은 자신의 내향성을 받아들이고 자기 기질의 장점을 깨닫게 된 그녀의 이야기이다.

어렸을 때 나에게 학교는 무서운 곳이었다. 우리 가족은 새로운 동네로 이사했고 나는 새 학교에서 4학년을 시작해야 했는데, 학년 초라 흥분이 되면서도 두려웠다. 처음 들어간 교실에서는 곰팡이 냄새가 났고, 방송 소리 때문에 아침에 계획했던 일들을 할 수가 없었으며, 수업 시작을 알리는 종소리조차 시끄럽게만 느껴졌다. 게다가 학생이 많아 수업시간과 쉬는 시간이 너무 혼잡하기도 했다.

그런 학교에 갈 때가 되면 내 마음은 점점 불안해져만 갔고, 그곳에 있는 것조차 힘들어하던 나는 선생님이 지명을 하거나 하면 소리 내어 울기까지 했으니, 친구를 사귀지 못하는 것은 어찌 보면 당연한 일이었다. 공부가 여전히 좋긴 했으나 시간이 흐르면서는 더 이상 즐거운 마음으로 그것을 해나갈 수가 없었다.

집에서도 마찬가지였다. 엄마는 늘 학교생활에 대해 물어보았는데, 뭐라고 대답해야 할지 몰라 아무 말도 하지 않는 나에게 엄마는 불만을 토해냈다. 고통스러워하던 나는 묻고 또 묻기를 계속하는 엄마에게 결국 소리를 지르는 것으로 대답하고 말았다.

몇 개월이 지나 학교에서 상담선생님을 만났다. 그녀는 나와 질문지 몇 장을 함께 작성하는 것을 시작으로, 주위가 너무 혼잡스러울 때 또는 다른 학생들이 시끄럽게 말할 때 내가 갖게 되는 느낌과 관련해 여러 가지를 물었다. 또 집에서 혼자 있을 때 하고 싶은 일과 내 기분을 풀어주는 일이 무엇인지도 물었다. 그러고 나서 그녀는 내가 내향적인 기질을 가졌고, 강렬한 냄새나 시끄러운 소리 같은 것에 압도당하고 있으며, 내 불안과 염려도 내향성과 관계가 있을 것이라고 말했다.

그 후 몇 개월 동안 우리는 나에게 도움이 되는 여러 가지 방법을 시도했다. 잠을 더 많이 자고, 혼자만의 시간을 달라고 요청하는 법을 배웠으며, 학교에서 언제라도 잠시 '탈출'해야 할 때 문제가 없도록 하기 위해 책을 가져가기 시작했다. 그녀는 또한 담임선생님에게 이야기해 내가 점심시간에 도서실에 갈 수 있게 해줌으로써 나에게 긴장을 풀 수 있는 조용한 장소를 만들어주었다. 또 부모님께도 내가 집에 왔을 때 바로 쉴 수 있는 시간이 필요하니 학교에서 있었던 일에 대한 질문이나 대답에 대한 압박을 주지 말 것을 요청했다.

그중에서도 가장 좋았던 방법은 '상상여행'이었다. 그녀는 나 스스로 잠시 사라져야 할 것 같다고 느낄 때마다 산(내가 좋아하는 장소다)에 있는 내 모습을 상상하는 법을 알려주었다. 그리고 내향성에 대해 다른 사람에게 설명하는 법도 가르쳐 주었는데, 그렇게 몇 개월이 지나자 나는 좋아지기 시작했다.

그 선생님과 2년여의 상담을 마치고 헤어진 후 4년이 지나 고등학생이 된 지금의 나는 더 이상 학교에서 정서적 위기를 겪지 않는다. 게다가 혼자 있고 싶은 욕구 때문에 힘들어하지도 않으며 나처럼 휴식이 필요한 친구들도 여럿 알게 되었다. 그것은 부끄러워할 일이 아니었으며 나에게 문제가 있는 것은 더더욱 아니었다.

오히려 내향적인 우리들에게 장점이 많다는 사실을 알게 된 나는 공부를 할 때는 친구들보다 오래 집중할 수 있고, 미술 등 작품을 만들 때는 서둘러 해치우는 일이 없으며, '완전함'을 느끼기 위해 다른 사람들을 옆에 두지도 않는다(많은 외향적인 친구들은 이 부분에 집착하는 경향이 있어 친구들이 없으면 힘들어한다). 또한 다른 친구들의 입장에 깊이 공감하면서 리더십도 발휘한다.

하지만 내가 알게 된 것 중 무엇보다 중요한 한 가지는 나는 다른 아이들과 다르지 않다는 점이다. 다만, 나를 이해해주는 친구를 원할 뿐이다. 물론 대학을 졸업한 후 좋은 회사에 들어가고 싶어 하는 나에게는 아직도 극복해야 할 일들이 많은 게 사실이다. 회사에 가는 첫날이라든가 그곳에서 있을 낯선 사람들과의 만남 같은 일들이 그것이다. 하지만 그것은 내향적인 우리들만의 문제가 아니다. 외향적인 친구들 역시 힘든 부분이 있다는 사실을 안다.

친구들과 다른 점보다는 공통점이 더 많은 나에게 기질은 몇 안 되는 다른 점 가운데 하나일 뿐이다. 그것은 좋은 것도 나쁜 것도 아니다. 나는 내가 내향적이라는 사실이 자랑스럽지도 부끄럽지도 않다. 그것은 그냥 내가 세상과의 원만한 상호작용을 위해 알아야 하는 내 모습의 일부일 뿐이니까.

이 이야기를 통해 우리는 한 십대 소녀가 내향적인 사람으로서 겪은 경험과 생각을 함께 나눌 수 있다. 필자는 그녀가 세상과 상호작용하는 자기만의 방식을 받아들이고 내향적인 기질의 긍정적인 특질을 향상시켜 장점으로 삼아나가는 과정을 보면서, 그들이 이 사회를 더욱 바람직하게 발전시킬 수 있는 자질을 충분히 갖추고 있음을 다시 한 번 확인했다. 그녀의 '내향성은 내 모습의 일부일 뿐'이라는 말이 오랫동안 뇌리 속에서 자꾸 되살아난다.

기대되는 미래

아이들의 생활과 관련된 집, 학교, 친구 관계 등을 다루면서 내향적인 아이들에게 있을 수 있는 잠재적인 함정을 살펴보고, 그들이 맞닥뜨릴 수밖에 없는 어려움을 극복하기 위한 실제적인 조언과 방법들을 알아보았다.

이 책을 통해 아이에 대한 것뿐만 아니라 어쩌면 당신 자신에 대한 내용을 알게 되었을 수도 있다. 이제는 미래를, 그리고 내향성으로 인해 받게 될지도 모를 영향과 새로운 생각에 대해 잘 정리해볼 때다.

외향성이 기준으로 작용하는 세상에서 내향적인 아이가 어느 순간 맞닥뜨릴지 모를 위험을 우리는 늘 걱정한다. 그런 면에서 이 책에 나오는 여러 가지 방법들을 통해 부모나 교사들이 그런 걱정

내향성에 대해 바뀐 생각

1. 이 책을 읽은 후 나는 이제 외향적인 사람을 _____ 라고 정의한다(문장을 완성하시오).

2. 이 책을 읽은 후 나는 이제 내향적인 사람을 _____ 라고 정의한다(문장을 완성하시오).

3. 이제는 기질이 어떻게 우리 가족에게 반영되는지를 이해한다.

   ▢ 그렇다   ▢ 아니다

4. 내향적인 우리 아이의 가장 큰 장점은 _____ 이다(문장을 완성하시오).

5. 내향적인 우리 아이에게 가장 큰 장애는 _____ 이다(문장을 완성하시오).

6. 내향적인 우리 아이에 대해 내가 가장 우려하는 부분은 _____ 이다(문장을 완성하시오).

빈 칸을 채웠으면 앞으로 아이가 맞닥뜨릴 문제에 대처하는 데 도움을 줄 수 있는지, 아직도 무엇인가 걱정되는 점이 남아 있지는 않은지에 대해 다시 한 번 생각해 보자.

을 덜고 내향적인 아이를 어느 정도 이해할 수 있게 되었기를 바란다. 아울러 자신과 배우자에 대해서도 알게 되었다면 더욱 좋겠다.

여기에 설명한 방법들은 대개는 쉽게 할 수 있으리라고 여겨지고 〈TIP〉들도 이전에 백 번쯤은 들어본 것처럼 보일지 모른다. 하지만 쉬워 보인다고 해서 쉽게 익힐 수 있다고 단정하지 말았으면 한다. 아무리 쉬워도 훌륭하게 실행하도록 익히려면 시간이 걸리는 법이며, 심지어 완벽하게 실천한다고 해서 항상 효과가 있는 것도 아니다. 또 아이가 내향성의 단점을 극복하지 못하는 때가 있을 것이고 일이 잘못될 때도 있을 것이다. 그냥 그럴 것이다. 이 말은 일이 잘 되지 않을 때, 인생의 굴곡이 너무 크고 도저히 어쩔 도리가 없는 것처럼 보일 때, 그런 순간에도 교훈을 얻을 수 있는 것이 인생이라는 사실을 기억하고 동요하지 말았으면 하는 마음에서 하는 말이다. 바로 그때가 당신이 다시 시작하고, 다시 시도하고, 계속 전진해야 할 때이다.

그렇게 나아가면 당신은 머릿속에서 인식한 실패보다 많은 성공을 이루게 될 것이다. 그리고 아이가 자신의 내향성을 받아들이고 자기만의 대처법, 자신의 장점을 키우는 방법을 발전시키는 모습을 보게 될 것이다. 그런 순간을 보게 되면 그 점을 축하하는 시간을 갖자. 당신과 아이 모두는 충분히 그럴 자격이 있으며, 그래야만 한다.

그런 다음 필자에게 이메일(Christine@christinefonseca.com)을 보내

주었으면 좋겠다. 당신의 변화 이야기를, 그 과정에서 깨달은 다른 제안들을 듣게 된다면 정말 기쁠 것이며, 우리가 힘을 합치면 우리의 아이들이 자신의 진짜 모습을 받아들이고 얼마든지 그 특질을 향상시키도록 도울 수 있다는 점을 다시 한 번 확인할 수 있을 것이다.

지난 십 년 동안 기질과 관련된 지식이 많이 늘었지만 자신에게 딱 맞는 좋은 자료는 여전히 찾기 어려울 때가 종종 있다. 아래의 도서들은 기질, 내향성, 양육, 교육, 그 밖에 직면하게 되는 여러 어려움을 다룰 때 필자가 즐겨 보는 책들이다(우리나라 출간 도서는 도서명과 출판사를 그대로 적고 미출간 도서는 임의 번역한 제목과 원어를 병기했다 – 역주).

기질과 내향성에 대한 일반도서

1. 《콰이어트(시끄러운 세상에서 조용히 세상을 움직이는 힘)》–수잔 케인(알에이치코리아, 2012). 내향성의 생물학적, 그리고 문화적 배경을 신중하고 포괄적으로 분석하고, 내향적인 사람이 자신의 생각을 소리 내어 말하게 하기 위해 할 수 있는 일을 설명한다.
2. 《내성적인 사람이 성공한다》–마티 올슨 래니(서돌, 2006). 기질을 신경과학적으로 대략 설명하고, 현대사회에서 내향적인 사람이 성공하는 데 필요한 내용을 구체적으로 제시한다.
3. 《나는 내성적인 사람입니다》–소피아 뎀블링(책읽는수요일, 2013). 내향성을 긍정적인 관점에서 살펴보고 내향성에서 비롯하는 재능을 크게 키우는 방법들을 소개한다.

양육에 대한 일반도서

양육을 기질 및 내향성과 관련하여 설명한 도서는 거의 없다. 다음은 필자가 다년간 찾아내어 유용하게 본 책들이다. 또한 영재아들에게 내향성과 비슷한 특징이 있기 때문에 영재성 관련 도서도 여기에 포함시켰다.

1. 《내향적인 아이의 숨겨진 재능(The Hidden Gifts of the Introverted Child: Helping Your Child Thrive in an Extroverted World)》–마티 올슨 래니(Workman, 2005). 저자는 《내성적인 사람이 성공한다》의 개념을 사용한 부모를 위한 도서이다.
2. 《영재아를 위한 양육 가이드(A Parent's Guide to Gifted Children)》–제임스 T. 웹, 자넷 L. 고어, 에드워드 R. 아멘드, 아레네 R. 드브리스(Great Potential Press, 2007). 영재성의 특징, 감정의 강도, 훌륭한 양육기법을 포괄적으로 담은 책이다.
3. 《내면에서부터 키우기(Parenting from the Inside Out : How A Deeper Self-Understanding Can Help You Raise Children Who Thrive)》–대니얼 시걸 & 메리 하첼(Putnam, 2003). 자기인식과 자아실현, 양육의 관계를 이해하는 데 도움이 되는 내용이 많다.
4. 《본성을 살리는 양육(Nurture by Nature : Understand Your Child's Personality Type and Become a better Parent)》–폴 D. 티저 & 바버라 배런 티저(Little, Brown, 1997). 효과적인 양육을 위해서는 먼저 기질을 심리학적 측면에서 이해해야 할 필요성을 검토한다.

격앙된 행동에 관한 도서

내향성에 대한 연구 초기에는 내향적인 아이들에게서 나타날 수 있는 감정의 강도와 강한 반응을 많이 강조한 책들로, 특히 격앙된 행동을 다룰 때 도움이 되도록 감정의 강도와 관련된 도서도 포함시켰다.
1. 《아이의 감정 조절 어떻게 도와줄까》–크리스틴 폰세카(우리가, 2013). 감정의 강도와 영재성의 본질을 설명하기 위해 썼다. 부모와 교육자에게 도움이 될 실제적인 방법들을 실었다.
2. 《영재아의 성공 비결 101(101 Success Secrets for Gifted Kids)》–크리스틴 폰세카 (Prufrock Press, 2011). 특히 8~12세의 영재아들에게 영재성과 관계된 감정의 강도를 조절하는 법을 배우는 데 필요한 수단을 제시하기 위해 쓴 책이다.
3. 《강렬한 삶을 살아가는 영재의 이해와 상담》–수잔 대니얼 & 마이클 M. 피초프스키(아카데미프레스, 2010). 이 분야에서 더 많은 정보를 원하는 사람들을 위

해 다브로우스키 이론의 기본 원리를 설명한다.

4. 《열심히 생활하는 똑똑한 십대(Smart Teens' Guide to Living With Intensity : How to Get More Out of Life and Learning)》–리자 리베로(Great Potential Press, 2010). 인생을 열심히 살아가기 위한 특별한 방법을 설명한 십대를 위한 책이다.

불안과 우울증 관련 도서

이 책에서 설명한 것처럼 내향성의 균형이 깨지면 우울증과 불안의 문제가 생길 수 있다. 내향적인 아이들이 성공하도록 돕기 위해 제시한 기법 중에는 불안반응을 관리하는 기법이 많다. 다음의 도서는 이런 어려움을 다룰 때 도움이 된다.

1. 《불안하지 않은 아이들(Anxiety–Free Kids : An Interactive Guide for Parents and Children)》–보니 주커(Prufrock Press, 2008). 불안에 대처하는 어린이와 부모에게 정말 좋은 지침서이다.

2. 《아이들을 위한 불안치료(The Anxiety Cure for Kids : A Guide for Parents)》–엘리자베스 듀폰 스펜서, 로버트 L. 듀폰 & 캐롤린 M. 듀폰(Wiley, 2003). 심각하게 불안한 아이들을 대하는 부모에게 도움이 되는 내용이 많다. 불안장애 진단을 받은 아이들을 주로 다루긴 하지만 여기에 소개된 방법들은 경증 환자 또는 불안장애 진단을 받은 아이들과는 전혀 다른 영재아에게도 효과가 있을 것이다.

3. 《괜찮아 괜찮아 완벽하지 않아도 괜찮아》–토마스 S. 그린스펀(길벗스쿨, 2010). 어린 친구들이 실제로 활용할 수 있는 방법을 많이 제시한다.

왕따와 관련한 도서

왕따는 피해자 모두에게 아주 어려운 문제로, 특히 당하는 아이가 내향적이라면 처리방법이 문제가 될 수 있다. 다음의 도서들은 왕따와 관련하여 매우 유용했던 책들이다.

1. 《괴롭히는 아이, 당하는 아이, 구경하는 아이–학교 폭력의 이해와 예방을 위한 실천방법》–바버라 콜로로소(한울아카데미, 2013). 왕따의 삼각관계를 훌륭하게 설명하며 학교 폭력의 악순환을 끊기 위한 실질적인 방법을 제시한다.

2. 《여성들의 전쟁(Girl Wars : 12 Strategies That Will End Female Bullying)》—세릴 델라세가 & 채리시 닉슨(Fireside, 2003). 여성들 사이에서 일어나는 대인관계 공격과 다른 형태의 왕따를 아주 훌륭하게 다루었다.

교육과 관련한 도서

이 책에서 전반적으로 설명한 것처럼 내향적인 아이는 학습방식이 외향적인 아이와 다르다. 따라서 내향적인 아이들에게는 다른 종류의 체계와 접근이 필요하다. 아래의 논문과 도서는 다양한 기질을 비롯하여 가지각색의 아이들이 모인 교실에서 독특한 필요를 충족할 방법을 다룰 때 유용하다.

1. "Introversion : A Misunderstood 'Individual Difference' Among Students"—아놀드 헨줌(Education, 1982, Vol. 103)
2. "How Introverts Versus Extroverts Approach Small-Group Argumentative Discussion"—마이클 누스바움(The Elementary School Journal, 2002, Vol. 102)
3. 《긍정적 행동지원을 위한 핸드북(Handbook of Positive Behavior Support)》—웨인 세일러, 글렌 던랩, 조지 수가이 & 롭 호너(Springer, 2010). 학교 차원에서 긍정적 행동지원의 모든 측면을 다룬 훌륭한 참고 도서다.
4. 《학교에서 발생하는 문제 행동에 대응하는 법(Responding to Problem Behavior in School : The Behavior Education Program)》 — 딘 A. 크론, 리안느 S. 호킨 & 로버트 H. 호너(Guilford Press, 2010). 학교에서 일어나는 문제 행동을 긍정적인 측면에서 지지해 주려는 교사들에게 도움이 된다.

기타 도서

다음은 마지막으로 아이의 생활에서 일어날 수 있는 다양한 주제를 다룬 도서다.

1. 《집안싸움을 잠재우다(Calming the Family Storm : Anger Management for Moms, Dads, and All the Kids)》—게리 D. 맥케이 & 스티븐 A. 메이벨(Impact Publishers, 2004). 가족의 모든 구성원에게 유용한 실제적인 분노 관리 방법을 총망라한다.
2. 《교감하는 부모가 아이의 십대를 살린다》—마이크 리에라(더퀘스트, 2012). 부

모가 변화무쌍한 십대 자녀의 세계와 교감하는 방법을 소개한다. 특히 자녀가 내향성과 관련된 이야기를 꺼릴 때 효과적인 도움을 준다.

3. 《십대가 절대 말하지 않는 7가지(7 Things Your Teenager Won't Tell You : And How To Talk About Them Anyway)》-제니퍼 마셜 리핀코트 & 로빈 M. 더치 (Ballantine, 2005). 십대 자녀가 자신에 대해 말하기 어려운 일과 말하는 법을 소개한다.

콰이어트 키즈

초판1쇄 인쇄 2014년 6월 10일
초판1쇄 발행 2014년 6월 20일

펴낸이 정광진
지은이 크리스틴 폰세카
옮긴이 조진경

펴낸곳 (주)봄풀출판
인쇄 예림
제책 바다

신고번호 제406-2010-000089호
신고년월일 2009년 1월 6일

주소 413-756 경기도 파주시 교하읍 문발로 115 세종출판벤처타운 312호
전화 031-955-5071~2
팩스 031-955-5073
이메일 spring_grass@nate.com

ISBN 978-89-93677-57-7 03370

이 도서의 국립중앙도서관 출판시도서목록(CIP)은 서지정보유통지원시스템 홈페이지(http://seoji.nl.go.kr)와 국가자료공동
목록시스템(http://www.nl.go.kr/kolisnet)에서 이용하실 수 있습니다.(CIP제어번호: CIP2014017008)